U0070946

彭昭賢、盛世才回憶錄合編。

彭昭賢、盛世才 原著
蔡登山 編

目次

第二部　牧邊瑣憶：檢討彭昭賢先生十大錯誤

編輯前言

蔡登山

彭昭賢（1896—1979），字君頤，山東牟平縣人。早年就讀於本村私塾。一九一三年，他考入牟平師範講習所，畢業後在馬格庄學校任教。後來他因要考長春南滿醫學校，搭船到大連，正遇豪雨困了幾日，等到長春時考期已過，最後他流落到哈爾濱，在意外機緣下，他得進入哈爾濱道尹公署任職，在公餘時間又去讀夜學，就這樣一混三年多，他一心一意要投考大學。他的理想目標是想去考「北大」，後來他就讀於北京大學法學院，但因有太多的兼職，對於求學與做事的時間分配上，就大成問題了。北京大學不同於其他大學，對於學生的課程管理一向嚴格，不准許隨便缺課的。於是彭昭賢只好忍痛由北大轉學到「中國大學」。

一九一七年底，孫中山派包括彭昭賢在內的十八名代表攜帶救濟糧到蘇俄救濟災民。到蘇俄後，彭昭賢後來入讀莫斯科國立大學社會科。那時蘇俄曾特別發一張護照給他，護照上註明，彭昭賢在校內如觸犯任何過失，都對他有不逮捕和不監禁的優待。而彭昭賢也幸虧有了這張護身符，才得以完成四年的學業，否則，也許要半途而廢了。

一九二四年，彭昭賢回國，此後他歷任國民政府外交部條約委員會委員、中國駐伯力總領事、國民政府內政部統計司司長、中央組織委員會政治組織研究會委員、中國國民黨新疆省黨部指導委員、新疆省政府委員兼民政廳廳長、陝西省政府委員兼民政廳廳長、中國國民黨中央組織部副部長、中華民國內政部次長、部長等職務。一九四九年國共北平和談時，彭昭賢起初曾被委派為南京政府方面代表，但中國共產黨方面因認為他是CC派的主戰分子而拒絕接受。同年八月彭氏攜家帶眷到了香港，隱居於半山區羅便臣道七十五號二樓。此後，彭氏在香港雖曾一度參加所謂「第三勢力」，但他覺得這裡面的情形非常複雜，乃又舉家遷去日本。他在東瀛除了擔任亞細亞大學一個中國留生部的名義外，大部的時間，都是在家裡讀書閱報，過著韜光養晦的淡泊生活。

一九六二年間，彭昭賢在日本接受香港記者凌雲的採訪，口述其回憶錄，以「政海浮沉話當年」為題，逐期發表於香港《春秋》雜誌，其中頗多從未為外間所知之秘辛軼聞，彌足珍貴。臺灣當時的《春秋》等雜誌，亦曾轉載多篇，然無一得其全豹者，至多只登到前十二篇而已。今編者找全所有已發表的文章得到十六篇外，又另有補遺五篇，實際整個回憶錄有二十一篇之多。而其中有四篇涉及盛世才者，分別是：〈盛世才是怎樣崛起新疆的〉、〈盛世才與汪精衛新疆鬥法記〉、〈東北義勇軍繞道俄境返國秘史〉、〈盛世才在新疆忽左忽右之謎〉。當時盛世才在臺灣也見及彭昭賢的這些文章，他認為「有的是故意攻訐，有的是公開扯謊，有的存心誣陷，有的造謠生事，甚且公然偽造文電。這些錯誤，有的是不應該犯的，有的是無扯謊之必要，有的是無假造之必要，有的對老朋友不應該造謠誣陷。以彭先生當年之學識經驗來論，均不應該有這些不智慧之事。這或者是由於年老（彭先生已是年將近八十歲的人），精神錯亂和神志不清之所致。今提筆檢討故人，不甚禁感慨萬端！原擬置之不理，不過因彭先生曾為國家大員，特別因為他是我到塞外新疆去的介紹人，為了對研究新疆歷史的人們負責起見，只得抽暇對之加以檢討糾正，以正視聽，而符史實。因為歷史是不允許歪曲的，而歪曲歷史，是難逃春秋之筆的。」於是盛世才寫下了他的回憶錄《牧邊瑣憶》，其中有〈我怎樣被選為新疆臨時督辦〉、〈再檢討彭昭賢先生十大錯誤〉、〈總結彭昭賢先生十大錯誤〉諸篇，可說是完全針對彭昭賢文章的辯駁。

彭昭賢與盛世才，當年兩人同居要津，一在中央，一在地方，雙方所見利益糾葛，自有不同，加上涉及漢回、中俄等種族、國家問題，是非也自然見仁見智。今編者特將兩人之回憶錄合編在一起，蓋便於相互參照，至於是非曲直則不妄加評論。尤其兩人之回憶錄，均無單獨成書，其史料價值更彌足珍貴也。

第一部

政海浮沉話當年

彭昭賢　口述
凌　雲　筆記

一、從流落哈爾濱賣文為活說起

筆者按：彭昭賢先生早歲留學蘇俄，當年在莫斯科即為中國留學生中之突出人物。返國後，服官從政，歷居要津，為國府行憲後之首任內政部長。李宗仁代總統時期，與中共進行和談，曾遴選彭氏為北上和談代表之一，但為中共所拒絕接受。自大陸變色，彭氏南來香港，旋即東渡扶桑，隱居彼邦，不再與聞政事。

刻下彭氏應筆者之請，承允於旅居之暇，講述當年親身目擊之種種近代事蹟，由筆者記錄成帙，交由《春秋》發表，其中頗多從未為外間所知之秘辛軼聞，彌足珍貴，當為關心中國近代史實者所歡迎。爰於本文代付刊之始，謹綴數語，敬告讀者。

日作家談莫斯科大學

我月前旅居日本東京時，遇見一位到過蘇俄的日本作家，彼此在閒談中，不覺談到了蘇俄的「巨大主義」。據這位作家說：

「我參觀過莫斯科的地下鐵道和莫斯科大學。地下鐵道的四通八達的路線佈滿於莫斯科各個角落。每一車站的建築材料都是用大理石和花岡石，既高貴而又大方。除了蘇俄以外，恐怕任何國家都不會對公共建築下這麼大的成本！」

這位作家提到莫斯科大學龐大規模的時候，他又說：

「莫斯科大學之大，已經到了無法形容的地步。有一次我問該校負責招待的人員道：『貴究竟有多大的範圍？』那位招待員朝我笑了笑，用手一指我們正在參觀的那間教室說：『像這樣大的房子（意思是包括另外部份的宿舍房間在內），你如果每一間都走進去看一遍，又如果你在每一間房裡只停留五分鐘的話，全部需要的時間大概是三十年吧。』」

這位作家於說罷了蘇俄的「巨大主義」之後，接著又很幽默的提到了蘇俄之「小」。

他說他曾經去參觀過一家平民小學，發現過一件很有趣的事。他到那家小學參觀之時，正好碰上教師們在把彩色的列寧照片分發給每名小學生各人一張，並且吩咐學生們回家以後要懸掛在牆壁上。

這時他看見一名身體不甚健康的小孩子站起來說：

「報告老師，我們家裡沒有牆。」

「為什麼？」教師非常詫異的問。

小學生回答說：

「我們住的那間房子，一共有五戶人家，因為沒有間隔，每家只是堆些雜物箱籠作為分界，甲住在東邊一角，乙住在西邊一角，丙住在南邊一角，丁住在北部一角。我們這一家卻住在中間，所以沒有牆。」

小學生這樣一說，立即引起全課室裡面的人哄堂大笑。

疑團莫釋請教彭昭賢

這種情形，和前面他所介紹蘇俄的「巨大主義」，恰恰成了一個強烈的對照。我知道我國行憲後的首任內政部部長彭昭賢先生，過去曾在莫斯科大學就讀，是中國有名的「蘇俄通」，剛巧彭先生旅居東瀛，和我又時常見面，所以我就拿這個問題，向彭氏去請教，據彭告訴我：

「我在莫斯科大學就讀時是一九二一年，那時莫斯科大學的學生已經有四五萬人，裡面包括有政治系、經濟系、法律系、外國語文系、教育系、文學系、工科、醫科等等。談到它的規模，的確非常的大，至於後來又擴充到什麼程度，我雖不十分清楚，但像那位日本作家所說的未免太駭人了，如果不是他把三十天或三個月，誤聽為三十年，那就是向他作說明的那位招待員，有意的誇張。你要知道，在蘇俄的誇大主義之下，對外宣傳，多數是要予以擴大和渲染的。」

話匣子打開以後，我的靈機一動，便立即向彭氏提出一項要求說：「香港出版一本《春秋》雜誌，是專門刊載近代珍史的，你也看過不少了，你老兄服官從政數十年，在宦海裡耳濡目染，親身經歷的事，必多富有歷史價值的珍貴史料，如今大家既都作客東京，旅窗無俚，何不就記憶所及，作一個閒話開元天寶的白頭宮女？只要你老兄不嫌我的文筆粗陋，儘可你講我記，寫些出來，寄交《春秋》發表，讓海外讀者，多知道些近代的故實，亦旅中一樂也。」

彭氏笑了笑說：「事情隔了很久，你叫我從何說起？」

我說：「我們不妨就從你老兄當年赴莫斯科大學讀書說起。我知道你府上是山東牟平縣，但在數十年前風氣那樣不開通的時代，你是怎會跑到莫斯科大學去讀書的呢？」

彭微笑著說：「那還不是因為年青人好奇心理，想多了解一些馬克思主義的思想，所以才千辛萬苦跑到蘇聯去探險。」

「後來呢？」我又追問了一句。

彭氏非常感慨的說：「結果還不是使我非常的失望！否則，我今天就不會住在東京了。」

早年投考醫校的經過

原來，彭先生的老家牟平縣屬於山東登州府所管，為蓬萊的鄰縣。那裡，在膠州半島算是一個很富饒的縣份，但由於交通不便，貨物不能暢流，風氣仍甚閉塞。彭的家中擁有二十畝地的一處果園。另外在青島和煙台兩地還開著兩間規模不算太小的絲房。

當彭氏十幾歲的時候，因為家中接二連三發生了幾件不如意的事情，屢遭損折，家道中落。彭的年紀雖輕，卻是一個知道求上進的青年，眼看家中的經濟情況，一天不如一天，若要繼續求學，已經沒有可能，於是，便打算用自力更生的辦法到外埠去讀書。

他既有了這個念頭，便每天留心閱讀報紙，以便找尋機會。某日，他終於看到青島報紙上登載著一條「長春南滿醫學校」招生的廣告。經他進一步的設法打聽，知道這家醫學校是「南滿鐵路株式會社」所主辦。倘若能夠考取，不但學、膳、宿、服裝等項，都是官費，而且在醫藥、儀器和教師方面，該校也都夠上世界水準。

彭為了要減輕家庭負擔，遂決心去投考這間學校。找了一個機會先和他的老太爺作了一次說明式的談判，並請老人家替他籌措旅費。

彭老先生聽到自己的兒子如此上進求學，自然非常高興，立即答應了彭的要求。彭計算了一下日子，由青島坐船去長春，在投考時間上還有餘裕，所以心裡並不怎樣著急。

但為了要籌措那一筆為數不多的旅費，竟使彭老先生傷透腦筋，最後只差了大洋四元怎樣也湊不上，結果還是用五分利錢借了一筆高利貸，才算勉強湊足。

彭氏由青島搭船到了大連，正遇上那幾天豪雨不止，把南滿鐵路鐵嶺段的路基沖毀了，迫使彭在大連困住了幾日，不能前進，這時他心中盤算著：如果在兩三天時間內鐵路修不好，不但學校的考期趕不上，而且所攜帶的旅費也成了問題，焦灼之情，真有度日如年之感。

幸而到了翌日的下午，有了通車的訊息，他馬上收拾行李，趕著購買車票去了長春。

事情也真不巧，就在他抵達長春的那天，正是南滿醫學校舉行入學考試的日子。他絲毫不敢耽擱，立即僱了一輛人力車，飛奔往南滿醫學校而去。

走投無路闖到哈爾濱

我們現在回想，這大概就是所謂命運的安排吧！彭氏如果那次考入了醫學校，又怎會有他後來的那段輝煌事業呢？彭當日趕到學校一問，始知考試恰告終了。他曾設法面見教務長苦苦請求准予補考。可是那個日本人說什麼也不肯答應。

這時的彭氏好似在萬丈高樓上失足一樣，立即陷於進退兩難的窘境，他離開學校，垂頭喪氣的走回了旅舍，一路走，一路想：怎麼辦呢？回去吧，無顏見江東父老；留在這裡吧？又人地生疏，舉目無親，留在長春又能幹什麼呢？

正在胡思亂想、走投無路的時候，他猛然抬頭，看見高豎在旅舍對面的「哈爾濱煙草公司」的一塊廣告招牌。他靈機一動，心裡默想著：哈爾濱是一個新開闢的碼頭，我何不到那裡去碰碰運氣，無論是半工半讀，或是找點事做都可以。

彭自己計算了一下，口袋裡還剩有十幾元的旅費，到哈爾濱去若坐四等火車（彼時的中東鐵路有四等火車），由長春到哈爾濱的車票只需一元四五角錢，到了哈爾濱以後住小旅館大約只需兩角錢一天，再加上吃飯，一天四五角錢也就夠應付了，在哈爾濱住上十天半月，慢慢打主意還不成問題。他想到這裡，把心一橫說：好！就這麼辦。

彭上了火車，找一個臨窗的位子坐好，由於滿懷心事，也懶得向外面瀏覽沿途的風景，只呆呆的靠在那裡想心事。這時坐在彭對面的有一位穿著非常樸素的山東老鄉，他注視了彭很久，忽然開口問彭道：「小兄弟貴姓？」

「姓彭。」

「到什麼地方去？」

「哈爾濱。」

「到那裡做什麼哪？」

「哦！哦！哦！」

彭哦了半天都答不出來，那個人知道彭是一個未曾出過遠門的小伙子，也不再使他為難，即自我介紹的道：「我姓韓，名字叫復興。小兄弟你是新出門吧！有什麼話儘管說，一個人出門在外，誰還不是靠著朋友照應呢。」

旅途有巧遇酒鋪容身

彭在舉目無親的情況下，忽然遇見了一位老鄉，心中別提有多麼高興了！除了尊稱他一聲：「韓大哥」之外，馬上便把他由家中出來到長春投考「南滿醫學院」過了考期這段經過對韓說了一遍。韓楞了一下問道：

「小兄弟你到哈爾濱去準備找什麼人哪？」

彭答：「哈爾濱我一個人也不認識。」

韓聽罷之後，毫不遲疑地向彭道：「小兄弟！你在哈爾濱既然沒有熟人，如果你不嫌棄的話，請住到我那裡去好不好？」

彭答：「我同韓大哥萍水相逢，怎好去打擾呢？」

韓道：「既然老鄉，就毋須客套，你孤零零的住在小旅館裡決不是辦法。」

兩個人經過這番談話，彭的心情為之一振，一路上和韓有說有笑的頗不寂寞！

韓那時還未結婚，光桿一人在哈爾濱「道裡」（按：以中東鐵路為界，在鐵路以東的地方稱為「道外」，鐵路以西的地方便叫「道裡」）大石頭道開了一家賣酒的小舖子。這條路完全是用麻石鋪成的，哈爾濱的人在習慣上都把它叫做大石頭道。那間酒舖的招牌就用韓自己的名字叫：「復興號」。

酒舖只有一間小小的門面。在一進門的地方放了一個櫃台，前面做生意，後面放了兩張小床，由韓和他僱用的一名伙計分住。

彭住到韓那裡之後，韓特別把自己睡的那小床讓了出來給彭睡，他自己到了晚間就睡在櫃台上面。彭雖暫時有了住處，但未來的日子怎樣打發呢？找事做或者讀書，他心中不能不有一個打算。

天無絕人路報館投稿

那時哈爾濱一共有兩家中文報館，一家是《東陲日報》，另一家是《東昇報》。彭在家鄉的時候，便曾經向青島的報館投過稿，對於報館的工作，他自信還勉強可以幹得來，於是，他便打算向報館去謀一個訪員的職位。

主意拿定之後，到了第二天他就跑到《東陲日報》去求見該報的編輯王目空先生，先對王簡單的說明來意，請予安插。王告訴彭，他們的報館不用訪員，但如果彭能寫稿則非常歡迎。

王目空對彭的印象似乎不錯，他還向彭道：「本報的消息稿費是兩毛錢一條，字數不超過二百字，稿費每半個月結算一次。」

彭得到了這麼一個結果，總算是不虛此行。他千謝萬謝的由《東陲日報》走出來之後，又跑到《東昇報》去見到了一位姓周的編輯。經接談後，所得的答覆，和王目空告訴他的完全一樣。

彭回到酒舖，想了一想，在暫時沒有辦法的時候，能先投投稿也好。遂在附近紙筆店買了一些紙張應用文具，開始在街頭東遊西逛，獵取社會新聞，經過一整天的努力，居然寫了四五條小稿，每稿都謄寫了兩份，分別的送給《東陲日報》和《東昇報》兩家報館。如果用現代的術語來說，這就叫做「一稿兩投」了。

第二天早晨，彭很早就起床，來不及漱洗，趕忙跑到大街轉角的貼報處一看，兩家報館把他的稿子都登出來了。他在精神苦悶之中，忽然找到這麼一個出路，眼睛一亮，心境也寬了許多。他約略計算了一下，每天如果能夠寫四五條新聞，分投於兩家報館，起碼可以拿到一元幾角一天的稿費，眼前的生活是不會發生問題了。

從此以後，他每天一早起來就跑到外面去做採訪新聞的工作，有時候找不到消息就自己編上一兩條，總以每天能寫四五條為度。也是天無絕人之路，凡是經他投送進去稿子，報館是一律照登，從未打過退堂鼓，因此，格外使他充滿了信心。過了一些日子，他從兩家報館中領到稿費，還特別請韓大哥和他的伙計到「道外」去吃一頓小館子，飯罷又去看京戲。

二、年方十六歲的「彭老爺」

上節寫到彭昭賢流浪在哈爾濱，居然能向兩家報館投稿，並於領到稿費後還請復興酒店老闆韓大哥和伙記去吃館子、看京戲。但彭的景況韓大哥是了解的，見他忽然有錢請客，韓以為是彭家中寄了錢來，還一再的勸導彭：老人家寄來的錢，來之不易，務必要節省使用，切勿浪費。

彭氏因為投稿是暫時之局，不一定靠得住，所以當時並未將實情告訴韓大哥，對韓勸告他的話，不過是唯唯諾諾而已。但他私心裡總在這麼盤算著：現在雖承韓大哥好意收留，暫能安身，長期的打擾人家決不是辦法，無論如何必須先找一份固定的工作和一個合適一點住所才行。

侯延爽行乞赴考故事

別看韓復興是一個粗人，但由於他長年在外的關係，倒是見多識廣，一肚子的經驗和典故，在他和彭氏閒常談話中，他時常像講評書一樣，對彭講山東掖縣一位老鄉的苦學故事，來勉勵彭氏上進。彭聽得多了，遂使他在腦海中對這個故事留下了深刻的印象，故事的內容是這樣的：

在前清尚未廢科舉前，人們對於功名是異常重視的。那時山東掖縣侯家莊，有一位窮秀才侯延爽（別號雪舫），某日他接到學裡的通知，叫他到省城去趕考，他只得四處求親告友張羅旅費，在東拚西湊下，也只夠到濟南後住小客棧的費用，至於來回的路費，卻毫無著落。侯秀才認為到省城去考舉人是他一生發跡的開始，不能因為缺乏旅費便耽誤了大事，所以他狠一狠心，決計沿途行乞到省城。

侯一路餐風宿露，千辛萬苦，終於奔到目的地。到了濟南之後，就在闈場附近找到了一家小店住下，一面用功，一面等候考期。等到考試既畢，他身上的錢也將花光了，結果，等不及放榜——三日後——他就一路再行乞走回掖縣侯家莊了。

「皇天不負苦心人」，那次侯延爽居然高中了一名舉人。這更增強了他下帷苦讀的決心，準備在大比之年進京會試，以期一舉成而光宗耀祖。

可是到北京去，比到濟南去的路程又遠得多了，想到盤川問題，侯雖中了舉人，仍是一片愁腸。幸而他有了上次行乞走路的經驗，對路費的有無倒也不怎樣掛在心上。

在入京會試之前，侯特別計算了一下日程，提前著收拾包裹行囊，竟不惜以舉人之尊，又一路的討飯趕往北京。這一次因為駕輕就熟，雖路途遙遠，反而沒有上次那麼辛苦。他到了北京之後，連小客棧都不敢住，卻在西便門外一間廟宇裡暫且棲身。等到會試與殿試剛剛考過，他唯恐路費不夠，又來不及等到放榜，便連夜啟程遄返家鄉。

如今是哈爾濱關監督

在那個時代，因交通阻塞，由北京到山東若從官道走，必須要經過廊房、天津、德州和濟南這些著名的地方。侯來京會試之時，是憑著一股衝勁，一心一意在趕考，並不覺怎樣辛勞，等到回去之時，氣一洩人就格外覺得疲乏。一路上吃一頓少一頓的，好不容易才捱到了家鄉。當他走到莊頭上時，遠遠看見一個老太太，在背上揹著一綑草，彎著腰、低著頭由莊子那面走了過來。及至走到眼前一看，才知道就是他的母親。他趕緊爬在地上給她磕了一個頭，並把那綑草接了過來說：

「娘！我回來了。」

老太太正要答話，一抬眼卻看見兩個戴紅纓官帽的人騎著馬走到了眼前，朝著他母子問道：

「請問，這是侯家莊嗎？」

「是的。」

「有一位侯大老爺住在哪裡？」

「這裡姓侯的人很多，但不知你們是找哪一位？」

「侯延爽侯大老爺。」

「你們找他有什麼事嗎？」

「侯大老爺已經中了進士，我們是前來報祿。」

「好的！你們跟著我來吧。」

侯氏這時心情凌亂極了！若不告訴報祿的人他就是侯延爽吧，又不可以；告訴他們吧，像他這樣一身狼狽的樣子，又怎好意思見人？他一面走，一面想：先把他們領到家中再慢慢的打主意。

走到了他們家中的門口，他交代了報祿的人一聲，就由前面走了進去，又從後門溜了出來，準備到左右鄰舍的家裡去借身衣服換一下。

侯的母親因為上了年紀，耳朵有點聾，他兒子剛才同官人們的問答，完全沒有聽到。她還在納罕：這兩個人跟到家裡來做什麼的？

侯出去了好久猶未見回。此刻等在外面的兩名報祿就大呼小叫的喊著：

「這裡，是侯大老爺的府上嗎？」

老太太出來一問，那兩名報祿人又大聲的告訴了老太太一遍說：

「侯延爽大老爺中了進士，我們是省裡來的報祿的。」

侯老太太說：「侯延爽就是我的兒子，剛才領你們來的就是他。」

報祿的人一聽，趕快爬在地上給老太太磕頭道喜。這樣一吵嚷，早已驚動了左鄰右舍，有的人趕快過來給老太太道賀；有的卻跑回家去送來一筐雞蛋給老太太；有的知道打發報祿的人要錢，竟自動回家去取了銀兩來交給老太太打點。

在前清考中進士，真是一舉成名天下知，官家都有預備好了的全套服褂，由報祿的人攜帶前來，立刻請新進士穿戴起來，遙望北闕向皇上磕頭謝恩。就是在稱呼方面，也有很嚴格的區別：

秀才稱「爺」。

舉人稱「老爺」。

進士稱「大老爺」。

這時，一切都準備好了，單單不見侯大老爺，良久，始由一位熱心的鄰居把找了回來，才完成了那套穿戴謝恩的儀式。

侯考中進士後，立刻改換門風，在前清時代，先後曾出任幾次縣長，到了民國時代，才轉到稅收機構。韓大哥的故事說到這裡，並告訴彭：侯延爽如今正充任「哈爾濱關監督」，是一位值得崇拜的老鄉。

韓一面講一面鼓勵彭說：

「你看侯監督當初讀書有多麼苦！到後來終究有了苦盡甘來這一天。小兄弟，你一個年紀輕輕的人，已經有了這份志氣，還怕沒有趕上侯監督的那一天？」

一個神氣十足的門房

這段故事韓也不知道對彭講了多少次，日子久了，自然對彭心理上發生了很大影響！彭心裡默默的想：侯監督既然是這樣一位苦學出身的人，他一定知道一個失學青年的痛苦，我何不向他去請教請教，也許會得到一點幫助，來完成我的學業。

別看彭那個時候的年紀很輕，腦筋倒是非常靈活。他心中盤算著：我只是鄉間一個孩子，過去頂大的官見過知縣，現在關監督比知縣又大多了，我無緣無故的去見侯監督，他如果不見我怎麼辦？即使他肯予接見，若門房不肯傳達又怎麼辦？彭為此事暗自思量很久，結果卻給他想出了一個辦法。

彭在未到哈爾濱關監督公署以前，特地先去理了一次髮，並且換上一套比較整潔的衣服，恭恭敬敬的跑到道外的海關公署去晋謁侯監督。

俗語說得好：「閻王好見，小鬼難當。」海關公署的門房，果然神氣十足，他一見彭的面就問：

「你叫什麼名字，見監督有什麼事？」

彭這時已早成竹在胸的答：「我叫彭昭賢，從山東來，見監督有要事向他面稟。」

「監督很忙，那有功夫見你，你有什麼話，留下由我替你轉達吧！」

「不成！我的事很緊要，非面稟監督不可。你如果不替我傳達，我可以寫信給監督，說明你不替我傳稟，看你怎麼辦？」

「你是不是監督的親戚？」

「那你就不用管了。」

門房看了看彭，覺得他的儀表不凡，而且講的又一口地道的山東土話，一時真摸不清彭來頭。又怕監督家裡真有要事被他耽誤了，只好無可奈何對彭強笑了一下說：

「好吧！小爺請你寫一個名字給我，我立刻呈上去，監督不見，你可不能怪我呀！」

彭答；「那當然啦！」

等了不大功夫，彭看見那個門房由裡面走出來，告訴彭說：「小爺！監督請。」

古道熱腸侯監督憐才

門房把彭一領就領到了監督辦公室，彭只見有一位六十多歲的老先生，相貌生得非常威嚴，端端正正的坐在辦公桌子後面看公事，他心裡想：這一定是那位侯延爽監督了，走前一步，就朝著他恭敬敬的鞠了三個躬。

侯見彭朝他行禮，自然很高興，微笑著問彭：「你是誰的兒子？」

據彭氏事後追憶，侯延爽那時一定誤認彭是他家鄉故交的子弟，所以才有此一問。彭利用這個機會，肅立桌前，從容不迫地把自己的來龍去脈向侯講了一遍。彭的原意是打算求侯給他紹一個半工半讀的學校，好叫他完成未完的學業。

侯聽彭講完之後，非常愉快的說：「好吧！把你的經過和志願，到側邊那張桌上去寫給我看吧！」

彭這時雖只是十幾歲的青年，但在作文方面早已打有基礎，而且還擔任了一段訪員工作，對於寫報告一類的文字，固優為之，難得的是他毫不怯場，坐在桌上振筆疾書，很快就把那篇報告寫好，雙手捧著送給監督過目。

侯氏接過報告，又端詳了一下彭，似乎對他寫作的快捷很感驚訝！立即把報告從頭至尾閱看一遍，然後笑容滿面的告訴彭說：「很好！你的事我一定幫忙，你用不著耽心，無論是找學校或找工作，在最短期間內，我一定都給你辦好。」

侯說完了，就順手拿起筆來寫了一張條箋，打鈴叫聽差的到會計處取來了大洋三十元。

聽差的把錢拿來之後放在桌上，侯便對彭說：「我想你孤身一個人離開家庭很久，手中一定沒有零錢用了，這點錢你先拿去用，不夠了再來拿，事情我很快給你想辦法。」

彭此時卻很誠懇的回覆著說：「我到哈爾濱之後，手中的旅費還剩有大洋十幾元，現在住一個朋友家裡有吃有住，並無用錢的地方。你老的好意我非常感謝，這個錢先存監督這裡，等我要用錢的時候再來拿，現在還用不著。」

侯監督說：「很好！很好！這是我送給你零花的，沒有關係，你先拿去吧！」

彭則無論如何都不肯接受，侯也只好作罷。但在面部表情上，彭看得出來他是非常愉快的！彭這個時候，覺得已經無話可說，遂站起來又給侯鞠了三個躬，告退而出。

馬蹄聲裡高呼彭老爺

彭回到復興號之後，並未把見過侯監督這段經過告韓大哥。這是他唯恐事情不成之後，徒留笑柄之故。

到了第二天，彭依舊是早出晚歸的做著他的採訪工作。一直過了好多天，侯監督那邊卻是渺無消息，彭心裡自然相當納悶。

某日正當彭在苦悶無聊之際，突聽見大石頭道上傳來了陣陣馬蹄聲，並且好像走到復興號門前便停下了，彭想著：一定是有人來了。這時就聽見外面有人問道：

「這裡是復興號嗎？」

「是的。」那位伙記回答。

「這裡面住著有一位彭老爺嗎？」

「沒有。」伙計答。

此時又聽見韓大哥接過來說：「我們這裡是住著有一位姓彭的，是老爺不是老爺我可不知道，你等我去問一問。」

韓進到了屋間，用手拍了彭一下說：

「喂！小兄弟！外面有一個人找彭老爺，是不是找你呀？」

彭此時心中也有些遲疑不定，他想現在自己雖然個子長得很高，外表上不算小了，但自己究竟還只有十六歲，怎會被人呼老爺呢？所以彭自己也不知道外面人找的「彭老爺」是不是他？

彭一咕碌從床上爬起來，走到外面一看，見有一位像是差官模樣的人，手裡拿著很大的一個封套，上面蓋著官印。他一看彭走了出來，就問：

「你是彭老爺嗎?」

「我姓彭。」

「你的公事來了。」

彭接過來一看,只見封套上寫著:

「濱江道道尹李令一件,令彭昭賢。」

彭一看名字不錯,趕快抽出公文過目,才知是派他在濱江道道尹公署充任練習員的公文。儘管練習員的職位不高,但足以證明既有這個公事,那麼「彭老爺」三個字他是可當之無愧了。

榮任道尹公署練習員

這時候,韓大哥高興得跳跳蹦蹦。馬上掏出大洋兩元作為打發來人的賞金。差人千恩萬謝,還特別向彭說:

「請彭老爺立即去見道尹,和準備一下搬到道尹公署宿舍裡去住。」

那時的濱江道道尹李鴻謨，也是山東人，彭可以想像得到這項差事是從侯監督推介而來的，所以他接到這份派令之後，並不覺得奇異。

彭氏此時也不敢怠慢，馬上穿好衣服，隨著那名差人去到道尹公署。李道尹卻立刻傳見，他一見彭的面就說：

「侯監督說你不錯，你剛剛出來做事，先在我這裡練習練習，等將來有了機會，我再提拔你。」彭只好應著是、是、是。

彭搬入道尹公署宿舍之後，才知道他的月薪是大洋二十元，每月用去伙食費八元，住的地方不用花錢，尚可淨剩大洋十二元，就彭當時環境來說，這總比打擾韓大哥好得多。

過了幾天，彭特別去拜候那位侯監督，當面向他表示謝意。侯氏除了勉勵一番外，並且還替他介紹了一間「甲種商業學校」，叫他到那裡去讀夜班。

從此以後，彭職業有了，學校也有了，一直這樣過了三年平平穩穩的讀書生活。他的職務在這三年期中，也慢慢的由練習員升到了科員的地位，月薪由二十逐漸的加到了五十元。雖然如此，他個人依然沒有放棄他的投稿生涯，他把賺來稿費，另外請了一位姓李的老師教，他學習俄文。

彭因為投稿已久，獲知當時天津有一家《泰晤士報》，該報在國內頗能一紙風行，於是，他試寫了一篇通訊稿寄給《泰晤士報》。過了不久，他接到《泰晤士報》總編輯周寶銓先生一封回信，表示他寄去的通訊稿業已收到，並歡迎他以後源源惠稿。彭也不知道《泰晤士報》的稿費是怎樣計算的，不過每月月終該報從天津匯來的稿費總有大洋二三十元之多，這對彭的生活，當然是大有幫助的。

三、我怎樣熱心救濟蘇俄大飢荒？

彭氏當初由家鄉奔走東北去的目的，原本是在求學，並非馬上想找事做。但在意外機緣下，他得進入哈爾濱道尹公署任職，在公餘時間又去讀夜學，就這樣一混三年多，彭在甲種商業學校夜學班已經畢業，這時他一心一意要投考大學。

因為哈爾濱那時僅有一間工業大學，辦得並不太好。他的理想目標是想去考「北大」，經過一番考慮，便決定入關晉京，繼續深造。好在哈爾濱海關的侯監督當時對於彭的一切，總是幫忙到底，向道尹公署請假，也很順利地獲准，他便束裝啟程了。

兼任兩家報館特派員

火車駛過天津時，彭因為在哈爾濱一向替天津《泰晤士報》寫通訊稿的，所以地下車去拜該報總編輯周寶銓。周氏見彭只是二十歲上下的小伙子，而且通訊又寫得相當出色，接談之下，彼此十分投機。周氏獲知彭這次入京投考北大，亦大表贊同，同時並向彭提出新的意見，周說：「我想請你在天津多住兩三天，因為報館有件事想請你幫忙，所以希望你等我一下消息。」

彭答：「北大考期尚遠，等兩三天毫無關係，不過我太年輕，只恐幫不了貴報什麼忙吧！」

彼此客套一陣，彭即辭出，住在一家小旅館裡靜候消息。到了第三天周老總親自跑到旅館來找他，原來天津《泰晤士報》要請彭擔任駐京通訊員，而且願付出極優厚的待遇，周對彭說：「小兄弟！到了北京後，報館打算每一星期請你寫兩篇通訊，月薪是大洋一百五十元，另外對於重要消息拍發的電報費，可以另行報銷。你老弟英年有為，一定能幹得好，老實說，有了這筆收入你可以安心求學，一切都夠了。」

這是一件意想不到的事，彭聽自是興奮萬分，但在欣奮中仍有些膽怯，不知自己能不能勝任。經過一番詳談，彭終於鼓著勇氣接受了下來。

彭到了北京，先在東城北大附近找到一家公寓住下，隨即報名投考北大的法學院，準備一面讀書，一面做事。

天地間的事說起來奇怪得很，一個人運氣不來是到處碰釘子，等到運氣來了，自然有好機會接連找上門來，彭自接受《泰晤士報》的邀聘，每月已有一百餘元的收入（那時生活程度低，百餘元的數目相當可觀）不料隔了不久，經過一位結識不久的友人介紹，在滬出版的《上海時報》也要選聘彭氏充任該報駐京特派員，並且願付出與《泰晤士報》同樣的待遇，每月也是大洋一百五十元。這件事自然又是一拍即合。

打倒帝國主義的思想

彭氏這時雖然過的還是學生生活，但因為有了津滬兩家報紙駐京特派員的身分，在北京非常活躍。北洋政府中的官員們對於這位年輕小伙子，也漸漸混熟了，何況彭的人緣特好，多樂於和他接近，過了一段期他居然又接二連三的兼上了左列各項職務：

國務院秘書上行走。

邊防督辦處的秘書——（督辦段祺瑞）

邊防軍第一師師部秘書——（那時邊防軍一共有三個師，第一師師長曲同豐，第二師師長陳文運，第三師師長馬良）。

財政部顧問——（彼此北洋政府財政部正計畫發行「民八公債」，彭為這件事曾寫了一篇通訊，分別刊登於天津《泰晤士報》和《上海時報》，替政府說話。結果財政部藉向他請教為名，便送來了一個顧問名義的聘書）。

此刻彭氏既然有了這麼的兼職，對於求學與做事的時間分配上，就大成問題了。北京大學不同於其他大學，對於學生的課程管理一向嚴格，不准許隨便缺課的。彭為了應付當前環境，只好忍痛由北大轉學到「中國大學」。那時的「中國大學」校長是王正廷博士，雖亦為有名學府，但對於學生缺課與否，限制並不太嚴，只要學生領取講義、做論文，此外並不多事苛求。所以彭氏才轉學到了這裡。

彭在北京求學這段期間，正是我國軍閥割據、政府政令不出國門的時代。在國際方面，列強正盛倡「瓜分中國」之說，國家和人民隨時有亡國滅種之禍！彼時駐在中國的各國使節，由於不平等條約的保護，都握有「領事裁判權」；北京的郵政也控制在外國人手裡；天津、大沽口，廊房和北京正陽門各地，都有外國軍隊駐紮；根本不像一個獨立自主的國家。彭氏那時是一個二十來歲的青年，於觸目驚心之餘，自然很容易激發出打倒帝國主義的愛國思想。無形中同當時俄國共產黨所倡導的「民族自決」以及「聯合全世界的無產階級共同奮鬥」的目標，發生了接近作用。那時「第三國際」派駐在北京的代表，自從維林斯基走了以後，已經換了博里維義接手，為了對外實行掩護，便由李大釗把他推薦給蔡元培，名義上担任北京大學教授，在暗中卻進行「推行主義、吸收同志」的工作。（按：李大釗那時是北大圖書館館長，毛澤東就在他那裡充任館員。）

要召開東方民族會議

在民國八、九年那段期間內，中國共產黨還未正式誕生，博里維義所聯絡的自然是在思想方面比較接近共黨思想的一批人，如李大釗和彭氏等，當時都是這一類型的人物，他們很容易便先後和博里維義搭上了線。

「第三國際」在那時曾秘密計畫在西伯利亞依爾庫次克召開一個「東方民族會議」，且預定邀請中國方面四名代表前往參加。經博里維義秘密洽商的結果，決定在中國的南部省份和北部省份裡各選出兩名代表出席。那時南方省份推選出來的代是張太雷和黃璧魂；北方被推選的代表一是伊里春，另一人便是彭氏。

這件事決定之後，還未到成行階段，不料那時蘇俄的窩瓦河一帶發生了大饑荒，彭氏便被留在北京協同熊希齡籌劃幫助蘇俄賑災事宜。不用說，彭那時對於有關賑災一切之熱心，是無法形容的！

至於屆期召開的所謂「東方民族會議」，彭氏亦迫得不能趕往參加，正當會議舉行前夕，恰好「中國社會黨」黨魁江亢虎因赴莫斯科正打從依爾庫次克經過，就被他們拉著湊了數，而做了臨時的中國北方代表。

此時正值第一次世界大戰時期，蘇俄的革命雖由列寧推翻了吉林斯基的聯合政府，而由共產黨取得了政權，但國家尚未達到真正統一的階段。在我國海參崴方面樹立政權的尚有謝米諾夫和霍爾瓦特等所組織的庫爾查克政府；在赤塔方面的又有什麼「遠東共和國」等存在，情勢相當混亂，列寧的共黨政權，還是一個分裂狀態。

奔走呼號熱心救俄災

當時蘇俄共產黨最動人的兩句口號是：「反對戰爭，需要麵包。」

然而，當俄共取得政權之後，由於天災人禍的關係，不但麵包得不到，反而在國內發生了大饑餓，據俄國自己透露出來的消息，在那次大饑餓中，一共餓死了三百萬人，遂引起了國際方面的注意。

不久後，庫爾查克政府雖被共黨政權擊潰了，但俄共對於在赤塔的另一「遠東共和國」，竟仍讓其繼續存在，為了要保持與日本之間的緩衝作用，直到彭氏以後去俄國時為止，這個共和國還未正式取消。

俄共在革命初期，為了引起中國人民對它們的同情和支持，曾由當時「蘇維埃人民共和國」的外交次長加納罕，和赤塔的「遠東共和國」外交部長揚森，共同對中國發表了一篇宣言，聲明凡是在帝俄時代用武力或強權向中國侵佔來的權益，如不平等條約、領事裁判權、租借地，以及在東北的中東鐵路經營權等，一概無條件交還中國。

這時中國老百姓聽到了這等消息，自然萬分受用，尤其像彭氏這樣充滿熱血的青年，更對蘇俄表示特別的崇拜，認為蘇俄才是扶助世界上弱小民族的「救星」。老實說，那時的彭氏熱愛蘇俄已經超過愛護自己國家之上，當他得知蘇俄發生了大饑荒，覺得比自己的同胞遭受饑荒更要嚴重，所以立即拚命地到處奔走呼號，發起賑災運動。

當時在北京，成立有一個「俄災賑濟會」的組織，推由大總統黎元洪担任名譽會長，熊希齡任會長，國會議員王葆貞為總幹事。

賑俄代表團浩蕩出發

由於國人對蘇俄普遍存有好感，所以在捐輸方面表現得十分踴躍。該會成立不久，就在全國各大城市裡捐到很大一批救濟物品。其中最主要的是麵粉、食油、罐頭等類東西。為要把這批東西送到俄國去，便由賑委會臨時組織了一個「中國賑俄代表團」。該代表團推選出來的代表名單，除了彭氏外，尚有王允恭〈後來曾担任過第九師師長，國民政府的參事〉、彭澤湘（後來出任過「福建人民革命委員會」秘書長）、吳鴻猷、王始華（曾担任過大元帥府警衛團團長）、楊壽鏞等人。

代表團組織成立之後，對外一切公文來往及人事接洽，完全由彭氏負責。在「救災如救火」的情形下，彭等匆匆摒擋，便立即裝載了四五列火車的賑品，浩浩蕩蕩向俄國進發（按：每一列火車的編成是車皮三十輛，每一輛車皮載重量是四十個俄國普特，其數量相當於一噸），出發的日期是一九二一年的初秋季節，就北方氣候來說，已逐漸接近寒冷時期。

在彭等未出發以前，「第三國際」的北京代表博里維義曾特地去訪問彭氏，並當面交給了他一張名片。告訴他行抵哈爾濱之後，可到秦家崗去見「第三國際」駐在哈爾濱的代表阿札爾寧（從名字上看，此公好像是個德國人），並殷殷叮嚀，不管有什麼事他都可以幫忙。

彭接過名片一看，只見在名片左上端寫著兩個CM的英文字母。直到今天為止，彭還是不明白這兩個字母代表著什麼意思。彼時彭心裡暗想：這或許是「第三國際」裡面自己人約定的暗號吧，所以他也未便深問。

濫發議論的阿札爾寧

彭於賑災列車駛抵哈爾濱之後，立刻就拿著博里維義這張名片到秦家崗去拜會阿札爾寧。首先出來開門的是一位小姐，她接過彭交給她的名片後就走進去向阿通報，不一會仍由這位小姐出來把彭請了進去。

阿札爾寧見到彭氏後，熱烈握手，態度親切，將彭完全當做同志看待，他們用俄語寒暄了幾句，談話立即轉入正題，阿札爾寧說：

「對於帝俄時代所佔據的中國中東鐵路經營權，蘇俄曾經正式宣佈交還給中國。可是，你知道中國現在正受帝國主義的支配，軍人各自割據，並不能代表真正的中國人民。我們如果現在就把中東鐵路的經營權交還給中國，那就等於幫助了帝國主義。你看可以用什麼理由把中東鐵路的經營權仍舊歸由蘇俄管理？」

彭氏乍聽阿札爾寧的這種談話，心裡固然覺得很是懷疑，但彭仍認為這不過是阿氏個人的看法，所以只簡單的駁覆了他幾句，也就沒有深談下去。

最奇怪的是，那時帝俄政權早被國內的革命勢力所推翻，但帝俄時代派在哈爾濱的中東鐵路局局長阿斯托洛五馬夫，依然還在哈爾濱控制著中東鐵路的管理權。當時中國政府既未因俄國政局發生變化，而將帝俄鷹犬驅逐回國，乘機把中東鐵路的主權收回，所以阿札爾寧見了彭氏居然強詞奪理，在那裡濫發議論了！

此時蘇俄災區最嚴重的兩個省份是「薩馬拉」和「烏發」。彭在未出發以前早已和俄方洽妥，將中國救災各糧車一直開到災區裡去，由蘇俄放賑機構接收。俄國放賑的總機構設在莫斯科，另外在災區最嚴重的這兩個省份和赤塔等三個地方，皆設有分會。赤塔分會的主持人叫魯克斯，為在遠東方面負實際責任的人。

彭氏押送的專車開到赤塔災區後，前來和彭接洽的人就是那位魯克斯。彭將所攜帶來的糧食等賑品一一移交清楚，便與同行的各代表搭乘原車直趨莫斯科，準備作禮貌上的外交訪問。

四、初次抵達莫斯科的感受

卻說彭氏等一行從赤塔搭乘火車駛抵莫斯科之日，蘇聯方面負責招待他們的是「賑災委員會」的秘書長郎傑爾。

彭氏從哈爾濱出發時已是深秋時節，因為沿途耽擱，耗時將及兩月，迨抵達莫斯科時，已經冰天雪地，氣候奇寒。彭在哈爾濱早就看慣了中東鐵路沿站常堆積有像小山一樣的木柴（按：東北人稱此種木柴為棒子，它是被鋸成一段一段的，準備冬季作燃料之用），在莫斯科車站，彭也看見站台兩旁同樣堆積有一堆一堆的木柴棒子。此時彭氏暗忖：蘇俄雖在大革命之後不久，經濟環境倒是不壞，否則，焉能有這麼多木柴棒子積存在月台上呢？

等到彭等下了火車，行至近處一看，卻嚇了一大跳，原來堆積著的並非木柴，竟是一堆又一堆的死屍。彭不明白這些死屍為什麼不運走呢？繼而他又想：或因天氣太冷（零下四十度）不便掩埋。總之，彭那時對蘇俄的一切都是只向好處設想，他絕未想到這是因為死人太多，來不及埋葬之故。

下榻於蘇京德公使館

莫斯科方面的招待人員領著彭等走進車站，只見候車室裡擠得滿滿的都是難民，老弱婦孺，各色俱備，秩序之糟，情景之慘，皆出彭等意想之外。彭曾親眼看到許多餓倒在地上嘘嘘喘氣的人，未等到氣絕，便由担架人員將之抬出車站，堆在站外像木柴棒子一般的屍首上面（居然有許多担架隊等在那裡抬屍）！

彭等在赤塔時已看過車站裡難民擁塞情形，但沒有莫斯科這樣嚴重。他曾就此現象詢問過招待人員，據他們的答覆是：「共產黨政府為了給無產階級大眾謀福利，在軍事進行時期，一時還顧不到這些事上面，等到情況安定下來就會好轉的。」彭聽罷之後，覺得這話也頗有道理。

由於彭等一行是前來放賑的外賓，蘇俄特別把他們招待在一處曾經做為「德國公使館」的房子裡。這棟房子是帝俄時代王公府第，內部建築相當考究，客廳和臥室的牆壁都是用繡花緞子釘裱的，名貴的地毯和傢具陳設等，一切都原封未動，有些靠椅的靠背之高，比人體要高出一倍，擺在那裡，特別引人注目，也會使人發生一種莊嚴偉大的感覺。據說，在歐戰發生初期，德國駐俄公使就被人打死在這所房子內。彭等入住以後，在牆上還隱若可見從前遺留下的血跡。此外，還有許多彩色玻璃窗，於被打碎之後，糊上了幾張報紙，被朔風吹得呼呼亂響，這在氣氛方面表現得很不調和！

蘇俄新貴的豪奢作風

彭等在莫斯科住了兩天，始由郎傑爾秘書長出面，安排了一次招待彭等的盛大集會，會後並到「國家劇院」參觀蘇俄的歌劇。一同前往觀劇的，不少是當時蘇俄的新貴，男人們都穿著工人裝，顯得既破又舊，腳上的皮鞋也是補釘處處。不過這班新貴的夫人們，卻都打扮得非常漂亮，珠光寶氣中還散發出陣陣法國名貴香水的味兒，這和她們的先生們比起來，先生們都好像是窮叫化了。

歌劇上演後，中間照例有十五分鐘的休息，郎傑爾特別陪著彭氏到休息室去，這時就可看見那些新貴們多溜進休息室來喝酒。酒排間裡擺著有世界上最名貴的酒和最好的點心，任憑客人們自由取用，並不收費。

你別以為那些新貴們一身工人裝，土頭土腦的不登大雅之堂，但他們那豪華而奢侈，不禁使彭為之大吃一驚！如非親眼目覩，彭絕不會相信。原來這班人進入休息室之後，都可以隨意狂飲名酒，最特出的一個動作，是每人乾杯以後，都要高呼一聲「烏拉」（萬歲的意思），接著便把酒杯向地下一丟，「咔嚓」一聲，立為粉碎。彭最初不明白這是什麼意思，過後才有人告訴他，這是過去帝俄時代王公大臣們的一種豪奢習慣，藉著摔破酒杯的聲音，以顯示他們高貴的身分，並表示不把這隻小小的杯子放在心上，隨手一丟了事。

彭是一個生長在中國詩禮之家的人，他腦筋裡深深的印有「半絲半縷恆念物力維難」的觀念，對於蘇俄新貴這種暴殄天物的舉動，自然看不順眼。但在當時，他又無法不入鄉隨俗的摔酒杯、喊「烏拉」，但內心裡總覺得很不舒服。

拜會蘇聯主席加里寧

「朱門酒肉臭，路有凍死骨」的時代悲劇，他想不到竟會充分表現在革命後的蘇俄，這時才使他明白了共產黨所講的那一套，和它們實際所作的完全不是一回事。在兩個鏡頭的強烈對照下，使他過去對共產黨理想中的信仰完全破滅。

正在彭心神不定的那幾天，郎傑爾秘書長卻匆匆跑來，說是要陪同彭往克里姆林宮去見加里寧，作禮貌上的拜會。加里寧是當蘇維埃人民共和國主席。在途中，郎傑爾先告訴彭說：

「加里寧同志是農民出身，雖然沒讀過多少書，但人非常聰明，尤其對革命理論和行動具有天才，希望你特別注意。」

進入克里姆林宮，郎傑爾把彭氏送入加里寧辦公室後，立即退了出來。彭這時留心細看這間辦公室，覺得屋子裡空蕩蕩的顯得又高又大，在屋子的中間只放了一張大的辦公枱，枱子後面一並擺列著四座旌旗的架子，上面插有顏色鮮明的四面紅旗。在枱子當面靠牆之處，擺有幾張大沙發。彭氏就被讓坐在那裡。不大一會功夫，加里寧走了過來，先和彭熱烈握手，一轉身就坐在另外一張沙發椅上，只見他右手向右邊褲袋裡一掏，掏出了一包烟末來，再用左手向左邊褲袋裡一掏，掏出了一札捲烟用的紙，接著便以熟練的手法捲了一隻紙烟遞給彭，表示敬客，彭很客氣的說：

「謝謝主席，我不會抽烟。」

加里寧說：「很好！很好！」

隨後就用打火機自己將烟吸著了，他一面噴烟，一面開始和彭談話。

談到中東路不歡而散

加里首先向彭表示維埃人民政府對中國人民的援助致其萬分的謝意，隨後立即把話題一轉，說到了中東鐵路問題，加里寧的說法和阿扎爾寧如出一轍，他告訴彭說：「中東鐵路只能交給中國人民，不能交給中國的反動政府，否則徒予帝國主義國家作為利用的工具。」

彭氏那時是個血氣方剛的青年，雖然對蘇俄十分崇拜，但仍有著濃重的國家民族思想，對於加里寧這種強詞奪理的說法，深具反感，立即反駁著說：「貴國既發表宣言於前，說明將帝俄時代非法侵佔中國的主權一概無條件交還，現在如果貴國說了不算，敝國政府和人民固深遺憾，而且將大大影響貴國對外的信用，請主席再加以考慮。」

加里寧再強辯著說：「彭同志你誤會了！我們現在不準備交還鐵路的用意，是等著將來好交還給中國人民手中，並不是說宣言無效。」

彭又說：「人民這兩個字是一個很抽象的名詞，凡是中國人都可以說是中國的人民，貴國究竟打算把中東鐵路交給那一個人民呢？政府是代表人民的，貴國把中東鐵路交給了中國政府，不就等於交給了中國的人民了嗎？除此之外，貴國還準備把它交給誰呢？」

加里寧此時卻拋開人民問題不談，口風一轉，又扯到中國政府方面，他告訴彭說：「因為貴國的北京政府是帝國主義國家的工具，在目前還沒有資格代表中國人民。」

在加、彭這次對話中，因為談到了中東鐵路問題，彼此間都顯得有點不愉快，這場拜會，卻落得不歡而散。

在蘇聯竟有中國紅軍

對於中東鐵路的經營權，蘇俄當局後來果從阿斯托洛五馬夫手中接管過去。爾後不但始終未交還中國，而且在偽滿時期，還把該路賣給了日本，儼然以帝俄主權的繼承者自居；第二次世界大戰結束後，又假藉對日作戰之名，重把該路視為「戰利品」再行接收過去。

那次和彭氏一同到蘇俄去的幾個代表，他們除了醉心共產、思想左傾以外，並沒有一個是真正的共產黨徒。其中有一位代表某君，出生於福建的一個世家，擁有很多產業，那時他認為既有機會到蘇俄去，不啻是走進了天堂，他在未啟程前，便已立下決心作不重返中國的打算，所以在行前竟將家中的產業作了一個徹底的處置，能變賣的變賣，能送人的送人，搞得一乾二淨。依他個人的想法，無論如何在蘇俄居留下去，總比住在中國好得多。想不到他在莫斯科只住了半年，越看越覺得情形不對，結果迫得向彭表示非回國不可，準備長住下去的是他，走得最快的也是他。這位先生現在已經是七旬以上的老人了，因為他如今依然留在大陸，生活於他所不喜歡的環境裡，所以對於他的姓字未便公開，還望讀者諒之。

彭在莫斯科住了不久，才知道江亢虎（是所謂中國社會黨的領袖）已先一步到過這裡，而且還為了安插「中國紅軍」問題，曾和「中國紅軍」的領導人單司令員開過幾次談判。但由於「中國紅軍」的高級將領全部都是北方人，和江亢虎這位「江西老表」在言語上不無隔膜，所以有好多問題都擱淺在那裡，談判亦告停頓。彭氏到了莫斯科後，蘇俄方面認為他是最適宜談判此問題的人選，才又舊話重提請彭出面和單司令員再行談判。

單司令員是山東老鄉

當時在蘇俄怎會有「中國紅軍」呢？在未記述彭同單司令員折衝的情形之前，有先加說明的必要：

原來，當第一次大戰發生後（一九一四年），我國以參戰的關係，首先派遣了六十萬華工到歐洲去協助法國建築國防工事，等到法國方面的戰線穩定下來，其中有二十萬人又被分遣到了俄國。他們抵達俄境後，即被蘇俄紅軍收容過去，以八千人至一萬人為一師而言，二十萬人已經可以編成二十多個師了。這枝「中國紅軍」編成後，戰鬥力甚強，對於當時蘇俄革命的成功，亦具有極大的因素。等到蘇俄革命達到成功階段，這支寄人籬下「中國紅軍」即步上「鳥盡弓藏」的厄運，在不斷被淘汰下，到了此時僅剩得兩三萬人，由一個名叫「單幫佬」的山東人統馭著，在蘇俄南部一駐紮，在蘇俄當局眼中，早已視同贅疣了。

彭氏既已答允和單司令員重行恢復談判，遂先和王始華詳為商討（王氏是和彭一路赴蘇俄的代表之一，為軍人出身），經過商討的結果，準備率領這支紅軍到新疆去開拓一番事業。有了腹案之後，彭乃偕同蘇俄的嚮導去到蘇俄南部石建特地區會晤單司令員。

單司令員能夠在蘇俄會到山東同鄉，在情緒上先就顯得非常興奮。彭也因為和單具有鄉誼關係，所以彼此一見面就單刀直入的問單：

「閣下所率領的這支軍隊，對蘇俄友邦的革命已經盡了最大努力，現在，蘇俄的革命成功了，對於客軍自然歸於裁汰之列。不知道閣下對於未來有無什麼打算？」

單為人極為豪爽，他老實告訴彭說：「我本人並非軍人出身，對於帶兵不是我的本行，現在我只希望這些弟兄們有了安排之後，我本人能夠回到祖國去做一個太太平平的老百姓就心滿意足了，此外，我並無任何奢求。」

彭隨即提出意見說：「蘇俄已非久留之地，弟兄們一定要設法返國，我們打算徵求蘇俄的同意，帶領閣下這支軍隊回到新疆去，先把盤據新疆的軍閥楊增新轟走，利用那個地盤展開革命運動，不知閣下有無興趣參加？」

計畫返回新疆打天下

單聽後非常興奮的答道：「那好極了！祇要能回到中國，我完全擁護你們的主張，和服從你們的命令。」

彭見單的答覆如此爽快，認為非常滿意，立即告訴單說：「好吧！等我和蘇俄紅軍總司令托洛斯基將軍先談一談，隨後再把結果告訴你知。」

談話至此，彭即告辭，單司令員於臨分手時，還一再表示：「我和我的弟兄們非常希望能夠聽到你談判圓滿的消息。」

彭回到莫斯科，立即往見托洛斯基將軍並開門見山的向托提出三項條件：

第一、彭告訴托，他已徵求得單司令員的同意，把他率領的這支軍隊開到新疆去，並準備將軍閥楊增新攆出新疆，取得該地的控制權。

第二、對於這支軍隊所需要的武器、裝備、軍餉、給養以及運輸工具，希望蘇聯政府能夠全部予以供應。

第三、請求就旅俄的中國商團中徵募三千名士兵，把他們編練成為一支新軍，以做為這支軍隊的基幹，至於該新軍的組成，亦請蘇俄同樣的予以協助。

托洛斯基對於彭所提出來的三個條件，認為全部可以接納。他當著彭的面，立刻就給「民族部主任」史大林通了一個電話，介紹他和彭見面並進行商談。

史大林另提兩項意見

彭會晤托氏後，認為計畫進行得如此順利，自然異常興奮，當天便又趕著去見史大林，此時史大林尚未掌握大權，僅為一名部長級人物，彭與老史見面後，又把他對托洛斯基提出的條件對史重述一遍。史在原則上也同托氏一樣，表示同意。不過，在同意之下更提出了另外兩項意見：

第一、史要求彭，在派往新疆的隊伍中，中下級軍官應由蘇俄派遣。

第二、對於中俄印未定界——通稱坎巨隄未定界——應該劃入蘇聯版圖。

彭得到史大林的答覆，對於這兩點提議，一時不便作出決定，遂與老史約定，須與大家商討後，再作回話。彭返到住處和王始華等人一商量，大家的見解卻很不一致。

有的人主張：

「不管什麼條件，我們都可以接受，反正士兵全部都是中國人，到了新疆之後，任何事情還不是由我們作主。」

彭氏則認為國際道義是應該遵守的，如不同意的話，我們可以不幹，千萬不可使用欺騙手段。彭當時曾經非常誠懇的向王表示：

「我們天天喊革命，喊打倒軍閥，可是臨到自己的頭上時，在未進行革命以前，便因這些交換條件，就先把國家的主權斷送了，這是不應該隨便答應的事。」

在那次的商談中，彭等終於當場決定，針對史大林提出來的條件，重新提出來兩條反建議案，看看史大林的反應如何再作計較：

第一、為了指揮運用上的便利，對於蘇聯派遣中下級軍官一節，歉難接受，但歡迎蘇聯派出軍事顧問。

第二、關於未定界問題，以後再作詳議；對於新疆的礦產，一俟本軍返抵新疆取得控制權後，蘇聯有優先開採的權利。

彭昭賢不敢引狼入室

彭將這個意見送給史大林，史閱後，對於他先前所提出來的條件，堅決不肯讓步。據彭事後瞭解，史所以堅持原來的立場，是有內在原因的：

第一、彭本人當時在思想方面雖和共產黨非常接近，但彭的立場始終是站在國家民族的觀點，和蘇俄所欲培植的人，條件不相配合。

第二、彭本身並非共產黨，蘇俄若把軍隊交在他的手中，認為毫無把握。故史大林堅持中下級軍官應由蘇俄派遣。

第三、在此舉的進行過程中，為了要另行徵集三千士兵作為基幹，消息一經傳出，不料在一日之間報名投效的人竟達七八千名左右。這使蘇俄查覺了中華民族團結的可怕，不得不深懷戒心！

彭對此舉，始終認為如軍隊中的中下級軍官由聯共派人，那麼，中國方面就祇剩下來一些少數高級軍官，在上面擔負著空空洞洞的名義，如此這般，還談得到什麼革命！

這樣一件重大的事，在雙方互不讓步之下，談判又被擱置下來。這件事的失敗，事後雖有人責備彭氏為太固執，平白地失掉一個機會。然而，彭卻不是這樣的想法，他認為此次如果接受了蘇俄所提出的條件，本人固可藉此稱雄西陲，自鳴得意於一時，但在中國史冊上，將永遠無法洗去「引狼入室」的罪名。

五、俄共做成圈套、被迫離蘇返國

筆者按：困居蘇俄南部的「中國紅軍」，因彭昭賢與俄方談判失敗，他們回返中國開拓新疆的計畫就此擱淺。彭氏此時留在莫斯科準備繼續求學，每當閒暇之時，常獨自一人在莫斯科市上到處溜躂，俾能進一步瞭解經過大革命後的蘇京實況。此時俄共攫得政權不久，對內對外，雜亂無章，一切建設還未開端，莫斯科市上被戰火毀損的痕跡，觸目皆是。

我進入了莫斯科大學

有一次，彭氏走到一處較僻靜的橫街裡，看見一個擺地攤的人在那裡向路人兜攬生意。此人一眼看到彭氏是個外國人，認為是好主顧，立即走近彭的身邊，向彭小聲地說：「先生！我有幾顆很好的鑽石，祗賣六百盧布，先生要不要？」

彭氏那時對於鑽石根本不感興趣，若是一條便宜的俄國絨毯或會引起他的注意，所以他只搖了搖頭，仍舊朝前走。或許是那個兜生意的人輕易碰不到一個外國人，所以對彭不肯放鬆，卻緊緊跟著向他說：

「如果你嫌六百盧布太貴了，五百盧布怎樣？」他說完之後，並且打開手中那包鑽石拿給彭驗看。據彭氏估計，這包鑽石，最小一粒也有一兩卡拉，大的竟達四五卡拉，若按時價來說，五百盧布連最小的一粒都買不到。看這個俄人急於求售的猴急情形，似乎只要你出價他就願賣，為了避免麻煩，彭還是假裝不懂地對他加以謝絕。

此時莫斯科市遍地都是擺地攤的，而且在地攤上隨時可以發現宮中的東西，價錢卻便宜出人意料，在大饑荒裡，用一雙絲襪和幾塊麵包去交換一個女人，在這裡已經算是非常平凡的事。

彭此時已打算去投考莫斯科大學，故在那段居留蘇京期間，對於言行方面極為謹慎。過了不久，經過正式考試，終獲如願以償，進入了莫斯科大學，學的是社會科學。因為彭氏赴俄，是負責押運中國大批賑品救濟俄災而來，所以俄共當局一直對彭都很優待，雖然做了莫斯科大學的學生也不例外，那時蘇俄曾特別發給一張護照給彭氏，護照上註明，彭在校內如觸犯任何過失，都對他有不逮捕和不監禁的優待。而彭也幸虧有了這張護身符，才得以完成四年的學業，否則，也許要半途而廢了。

俄共製造暗殺團冤獄

原來，彭在求學那段期間，基於「沒有組織，就沒有力量」的真理，曾經糾合一些志同道合的同學們，組織了一個「亞洲社會主義聯盟」，準備在莫斯科一面求學，一面推行革命運動。

這個組織所包括的範圍非常廣泛，有中東國家的學生，也有近東國家以及東南亞和東北亞若干地區的學生，不過能起領導作用的，還是中國人、日本人和少數韓國人。

這時中國和蘇俄還未正式恢復邦交，祇由中國政府派遣一位曾經出任哈爾濱「濱江道道尹」的李源讃為臨時駐俄代表。

恰巧這位李代表也就是彭在哈爾濱道尹公署充當練習員時期的老上司，他對彭的印象非常良好。彭於謁見他之後，他便立刻找彭搬往代表處居住，並要求彭在課餘之暇，幫他處理一些外交上的事務。

到了一九二四年，日本於承認了蘇俄政權之後，隨派出田中守義為復交後的日本駐莫斯科首任大使。真想不到因了日俄復交，竟發生一件寃枉事，而直接牽扯到彭的身上。對於這件寃枉事，彭氏一直到現在還不明白：是蘇俄那時故意製造出來的呢？抑是外面真的有了這種傳說？事件的起因是說彭氏在莫斯科大學所主持的「亞洲社會主義聯盟」，為了要破壞日俄的復交，曾經組織了一個暗殺日本田中守義大使的「暗殺團」。

蘇俄當局聽到這個傳言，也不分青紅皂白，立即下令逮捕了幾十個人，其中有中國人、日本人、韓國人、伊朗人等，凡是平日和彭接近的華僑，也有好多人遭到了池魚之殃！總算俄方還存有若干客氣，對於彭氏本人並未下手。

四出奔走到處碰釘子

據彭事後分析，他那次未被逮捕的原因，可能是由於下列幾項因素：

第一、在蘇俄極權統治之下，原是不允許有其他對立性組織存在的，可惜彭等那時太天真，還認識不清，彭在莫斯科搞「亞洲社會主義聯盟」組織，正犯了俄共的大忌，於是，尋找一個機會對此組織加以破壞，這是俄共的主要目的，至於打擊個人反居其次。

第二、彭憑那張國家護照的保護，受著種種優待，在沒得到真憑實據以前，亦未便對他貿然的動手，因為所謂「暗殺團」尚只是一項謠傳。

第三、彭此時每天都要到「中國代表處」辦公和住宿，隱然的已取得了外交人員的身分。何況彭與中國外交代表李鴻謨關係深厚，蘇俄當時不無存有「投鼠忌器」的想法。

在那次的逮捕訊問中，有一名中國安徽籍的學生名叫桂丹華的，曾被蘇俄逼迫著要他承認：是由彭交給了他一枝手槍，叫他執行暗殺田中守義大使的任務。桂的身體本來不大好，這次又飽受俄方刑罰的折磨，已經只剩得半條命，待至被釋出獄之後，沒過多久，即因內傷過重而死。

又一名四川籍的學生名叫俞銓的，亦因受刑過重，於恢復自由之後，成了殘廢。

彭本人雖未被捕，但他是組織上的領導人，在許多同學被捕之下，又豈能獨善其身地置身事外。他為了此事，曾經四出奔走，求見過加里寧主席、托洛斯基將軍以及史大林等，這些人給彭的答覆大都是不著邊際，使彭不得要領。

最後彭又去找「第三國際」主席齊諾維斯夫，和「第三國際」秘書維茲密先斯基。這兩人彭都是透過阿札爾寧的關係和他認識的。他們雖都答應替彭向蘇俄政府辦交涉。但那時的蘇俄外交部長齊切里卻堅決表示：這次事件純係出於維護國家的安全，對彭個人絕無任何迫害之意。

無可留戀決心返祖國

彭在一籌莫展的處境下，曾與未被捕的同學們舉行過一次小組討論，在小組會議中，彭聲淚俱下的向大家說：

「我們組織方面根本沒有這回事，蘇俄為什麼要給我們戴上這頂不名譽的帽子呢？我看這件事的主要目標，似乎是為了限制我個人在莫斯科方面的活動。既然這樣，我打算把這裡的事安排一下，在最近期間回國。」

當時曾有人向彭建議：「俄方對你一向相當重視，但你直到今天仍不肯加入共產黨，他們自然看不順眼，你能否重新考慮一下這個問題呢？」

彭卻乾脆地答道：「我們未來俄國以前，也許還對共產黨存有多少幻想，既在莫斯科住了這麼久，對於蘇俄的這一套，難道還不瞭解嗎？我們為什麼還要自投羅網？我在莫斯科大學已經修完了學業，此間已經沒有什麼再值得留戀的，我已決心返回祖國。」

當彭決定動身之前，「第三國際」秘書維茲密先斯基曾特地和彭通了一次電話，勸告彭不要離開俄國，維在電話中告訴彭說：

「為了你的問題，我同蘇俄民族部主任史大林同志談過，他表示一切不成問題，叫我勸你不必急欲離去。……」

不過，彭對於蘇俄的表現，已經感到萬分失望，無論如何，他也不打算在蘇俄再逗留下去。就在此時，莫斯科又出現一件使彭萬分反感的事故：自日本駐俄大使田中守義抵任之後，跟著便強迫地要日本及韓國僑民舉行總登記，蘇俄政府為了討好日本，對於那些原受庇護的人不但不掩護，反而對日使館的強迫僑民登記全力協助。凡不辦理登記的，將取消他們在蘇俄境內的居留權。經過這次的日韓僑民登記後，除了日本的共黨頭子片山潛仍受蘇俄的招待外，大多數的日人和朝鮮人，都受到了或大或小的迫害。韓國革命領袖韓冰觀，就因為不願接受這種登記憤而離開蘇俄。此外，還有數十萬名左右的韓國僑民，因為反對登記而逃往了中國東北。

赴張家口初見馮玉祥

彭從蘇俄回到北京的日子是一九二五年的秋冬之交。回到北京後，先在燕京大學和華北大學教了一段時期的書。

那時基督將軍馮玉祥正任「西北邊防督辦」，駐節在張家口的「土兒溝」。因為馮在國內還算是一個較有希望的軍人，國民黨的元老吳稚暉、李烈鈞、鈕永建諸氏此時皆奉孫總理之命，住在張家口擔任聯馮的工作。他們知道彭新從俄國回來，曾聯名寫信給彭，希望他能到馮那裡工作。

那次和彭一起被邀到張家口去的人，還有主持《京報》的邵飄萍，和另外一位郭道甫先生。馮為了對他們表示歡迎，除派李鳴鐘陪同前往外，並由京綏路局替他們準備了一節專車。

專車到了張家口，代表馮到車站來迎的是副官長牛聯璧。馮招待他們的下榻處，名叫「清潔旅館」，果然還算清潔。吃的住的，就張家口的環境來說，都還不錯。

彭等剛剛住定，就有一位副官奉馮的命令給他們送來一盒蛋糕，說是督辦夫人親手做的，請各位嚐嚐。

邵郭兩人受到這份食品顯然十分高興，惟有彭這時內心中卻默默的想著：

「人人都說老馮為人矯揉造作，從這件事看來，果然不錯！我們和督辦夫人素未謀面，又何勞她親手給我們製蛋糕呢？這麼過份的親熱，未免叫人受不了！」

諸般做作並非留人處

到了當日下午，彭等又被接待到「土兒溝」馮的辦公地點。彭看到大客廳裡所陳列的都是一些極粗劣的白木桌櫈，在靠牆之處擺有一列書架，架上排列著一些古今的書籍，此外，一間很大的客廳，空蕩蕩地再無其他了。

彭當時的想法：馮氏客廳中的陳設固然做到了簡單樸素的程度，但卻違背了物質進化的原則，一種傢俱為什麼要替它塗上油漆？除了美觀以外，還有一種防止腐爛破裂的作用。在物質條件許可的情形下，馮的這種作風，明明是有意的做作。

老馮於接見他們，隨便談談之後，又招待他們吃了一頓便飯，首先上來的是一大碗白菜粉條煮白肉，和一大盤窩窩頭，跟著又端上一大盤煎餅，一大盤油條，最後才端上兩大碗燉菜：一是土豆燒豬肉；一是蘿蔔燒牛肉。

老馮一面食菜，一面還向客人介紹的說：「這些菜都是曹師傅親手做的，諸位嚐嚐味道怎樣？」在客人之中，自然換來一片讚美聲，曹師傅做的菜味道的確不壞，不過由於先端上來的那大盤窩窩頭，每一個都是個頭很大，肚量小的人真有些吃不消，而且在主人殷勤敬讓下，都不好意思不吃它，客人啃窩窩頭都啃飽了，對於後來那兩碗精美的燉菜簡直無法下嚥，彭在飯罷辭出後，大呼吃虧不已！

老馮對彭特別垂青，曾再三邀請彭用他私人代表的名義，到外蒙古去窃取連繫。

彭則坦白的告訴馮說：「我離開蘇俄的原因，是因為和它們相處得並不十分融洽！外蒙現在名義上雖然獨立，實際上一切都受蘇俄的控制。用我這樣一個人去做督辦的私人代表並不合適，為了大局著想，還是請督辦另選賢能吧！」

於是，老馮又欲彭留在「邊防督辦公署」擔任政務處長職務。

彭說：「我很感謝督辦提攜的好意，但我此刻在燕京大學和華北大學都訂有授課的契約，唯有等約期屆滿後，即來追隨督辦。」

赴粵晤蔣奉派往上海

彭由張家口回到北京之後，他覺得北方的大局，已經沒有多大作為，乃由北而南，直奔革命策源地的廣州，準備晉謁孫總理和蔣先生。

彭在莫斯科大學讀書時期，蔣先生曾以孫總理私人代表身分到過莫斯科。那時為蔣先生充當翻譯的是紅軍大學裡一位中國學生張大同。某次在一位姓楊的華僑（溫州人）宴請蔣先生席上，彭和蔣先生即會過面。是以彭於奔到廣州之後，舊話重提，彼此間都有故人重逢之感。

蔣先生那是是黃埔軍官學校校長，彭於看到蘇俄顧問鮑羅廷的跋扈情形，曾秘密向蔣先生陳述聯共政策的錯誤，他和蔣說：

「我在莫斯科住了四年多，深切的知道，蘇俄所標榜的扶植弱小民族政策，完全是一張不能兌現的支票。我們要打算革命，必須靠自己的力量，我希望到上海去，在那裡開闢一個革命基地，以迎接革命大軍的北上。」

蔣先生對於彭的意見立表贊同，遂決定派鈕永建和彭兩人到上海去進行地下工作。

鈕和彭到了上海，在法租界環龍路找到了一幢房子，住了下來，那時，華東的局面是由孫傳芳擔任「五省聯軍總司令」。鈕、彭二人為了推進工作，先組織了一個「華北革命同志會」，並出版一本《華北革命週刊》，由鈕負其總責，彭和王葆禎則共同擔負這個刊物出版的責任。

六、由光復上海說到濟南慘案

當北伐的國民革命軍未進展到上海附近以前，為了配合國軍的作戰，鈕永建、王葆禎和彭氏等，曾先利用租界的掩護，對孫傳芳軍展開種種的破壞工作，第一步是聯絡同情革命軍的海上聞人徐朗西、黃金榮、李明揚、杜月笙諸人，每個人都給予一個「別動軍司令」的名義。等到國民革命軍打到上海附近時，在上海郊區便出了許多三山五嶽的人馬，他們在臂上都纏著一條紅白藍三色的袖章。服裝方面則西裝、唐裝、中山裝、工人裝等應有儘有。這一批人馬，雖然談不到有若何的戰鬥力，但在民心士氣方面，卻予敵人以相當的困擾。第二步是聯合工人進行罷工。第三步是派遣特工人員破壞鐵路及公路的交通，使敵人在風聲鶴唳、草木皆兵之下，更感到手忙腳亂。第四步是策動各學校學生罷課，和高呼「停止內戰、打倒軍閥」的口號。第五步是組織工人糾察隊，秘密加以武裝，於一九二七年三月廿一日，向已開到上海閘北的直魯聯軍進行襲擊。現在中共還把是日列為一個重要紀念的日子。

狗肉將軍率部抵上海

關於上海工人糾察隊襲擊直魯聯軍事，是值得一提的，是日發生戰事的地點，是在上海閘北車站附近，當戰鬥進行時，從愛而近路的屋頂望去，遠遠可以看到寶山路近車站一帶，家家閉戶，路人絕跡。車站廣場上橫七豎八的都堆滿了直魯聯軍的屍體，此時直魯聯軍已退入車站內，加築了臨時堡壘，不敢越雷池半步。以絕對優勢的大量正規軍，對著不過數百之眾的工人糾察隊，竟至退縮一隅，不敢出擊，事後雖有人指為這是氣數，但主要原因還是由於主將遠離，軍中無人指揮所致。在群龍無首的狀況下，當時直魯聯軍都以為是國民革命軍從天而降，心理上先存有恐懼的陰影。這在民國軍事史上，應算是個笑談。

原來當時的五省聯軍總司令孫傳芳，於江西屢遭挫敗之後，眼見北伐軍節節進逼，束手無策，遂秘密北上赴京，向張作霖大元帥作秦庭之哭。坐鎮北平中南海懷仁堂的張作霖，原本抱著坐觀成敗的心理，準備以毒攻毒的策略，讓北伐軍來消滅他的敵人。反正以東北軍當時的實力，既可以扼守黃河以確保華北；在不得已時，亦可退出關外，以保有東北；甚至於在兩敗俱傷之餘，還可以坐收漁人之利。

惟料國民革命軍誓師北伐以後，一路上勢如破竹，吳佩孚全軍盡墨於先，孫傳芳損兵折將於後。如果東南五省一旦不保，東北軍勢必首當其衝。所以一經孫傳芳哀辭求援，張作霖便立即派軍南下。並由張、孫二人在事前秘密協議，上海南市一帶，仍由孫部駐守，而閘北一隅，則讓由直魯聯軍馳往駐防。

張老將這次派往上海馳援的主將是「狗肉將軍」張宗昌。隨他南下的直魯聯軍為第八軍，軍長畢庶澄。

迷戀名妓香巢作虎帳

張宗昌與畢庶澄率軍抵滬後，皆駐節於上海北站的專車裡。閘北一帶皆由畢氏帶來的軍隊佈防，尤其是車站內外，防範森嚴，如臨大敵。

畢庶澄那時的年齡祗有三十幾歲，一向風流自賞，好作狹邪遊，既來到了十里洋場的上海，忽然間遇見了五百年前的風流孽債——當時的花國大總統富春樓老六，一時色授魂與，終日追歡取樂，立即把他南來的任務忘的乾乾淨淨，說起來自是一段奇聞。

原來畢初到上海，部署未定，即有一班趨炎附勢之輩，假名妓富春樓老六的香巢，為畢氏洗塵。畢初入花叢，即遇到此一代尤物，焉有不立即拜倒石榴裙下之理。於是上海汕頭路富春樓老六的香巢，便做了畢庶澄將軍的臨時虎帳。當時有人以八國聯軍統帥瓦德西與賽金花的故事來比擬畢與富春樓老六的艷史，畢聽聞之後，也一笑置之。

正當畢庶澄迷戀富春樓老六之時，前方的軍情卻一天比一天吃緊！人們看到畢的按兵不動，就謠傳他與北伐軍暗通聲氣。那時，彭氏為了要進一步了解畢的真實情況，曾派人以新聞記者名義，進入上海北車站的專車上，和畢見了一面。據回報說：畢庶澄只是一個好色如命的青年軍人，現因迷戀富春樓老六，無心過問軍旅之事。至於外傳他與國民革命軍有所連絡的話，完全是一種謠言，不足憑信等語。

彭氏接到此項報告後，除了立即電告蔣先生的總部以外，並與鈕永建先生連夜密商，決定掌握機會，予直魯聯軍以出其不意的一擊，出動工人糾察隊，由王某率領，於翌日清晨即向集結在閘北一帶的直魯聯軍進行突襲。

記上共產黨的功勞簿

在這次的突襲行動中，由於一切出乎意料之外，又加以畢庶澄迷戀花叢，卜晝卜夜，他的部下們也紛紛上行下效，各皆尋樂忘返，在出事之日，畢的軍部裡面，除了少數初級軍官外，其餘的中上級官長，大都外宿未歸。所以一聞槍聲，便鬧成了群龍無首，不戰自亂，既不知敵人來自何方，亦不知人數來了多少，在倉卒應戰下，為了避免更重大的損失，只好退守在北車站一帶，堅守不出，後來北軍在龍華之戰的潰敗，未嘗不是種因於此。

突襲事件既然獲得甚大的成功，當時在上海做工作的共黨宣傳人員，便大吹大擂說上海的工人糾察隊，是由他們所策動的。好在，那時國民政府所採取的還是容共政策，有好多共黨人員都混在國民革命軍的陣營裡任事，也由得他們去混水摸魚，寫在共產黨的功勞簿上。

閘北事件發生後，不到三天的時間，國民革命軍的先頭部隊，已長驅直下，畢庶澄全軍未與國民軍發生接觸，即戰敗投降。後來，畢氏偷著逃到山東後，終以投敵罪名被褚玉璞所殺。一個青年有為的軍官，因為抵抗不了外來的誘惑，就這樣輕易的毀滅了前途，說起來真不值得！

據彭氏說：那時上海方面有一位和他共同負責民運工作的人名叫汪壽華，他是共產黨份子派出來的地工人員，汪當時也住在上海法租界內，彭與他則保持著若即若離的關係。

那時由於彼此所倡導的：「打倒軍閥以完成國民革命」的口號完全相同，彭與汪之間，也祇好各行其是地分頭進行工作。汪在上海的行動是非常活躍，並且時常在上海各家報館裡像幽靈一樣的出現。一直等到一九二七年二月廿七日國民革命軍光復了上海，蔣總司令抵達上海之後，局面才逐漸有了改變。

寧漢分裂蔣先生清黨

蔣先生抵達上海之後，行轅初設在楓林橋畔的「淞滬交涉使公署」裡面。隨同蔣先生同時到達的，計有機要處處長陳立夫以及特務處處長楊虎等。

這時，彭氏的好友如邵力子、葉楚傖、潘公展、陳德徵等，都在上海開始得意了。潘出任了上海市政府的社會局長，陳則做了教育局長，都由地下工作者變成了地上工作者。

且說，國民革命軍的最高統帥蔣先生，於抵達上海的當日，便下令國民革命軍繼續向南推進。為了要使彭氏多吸收軍中的作戰經驗，特別派他充任第四縱隊政治部少將主任，這是彭氏首次出任軍職。及至國民政府在南京奠都之後，蔣先生又把彭調了回來，命他充任國民政府的簡任撰擬（這一職位，後來才改名為秘書），等到鈕永建出任內政部部長之後，由於他和彭是多年的老搭檔，遂又調彭充任內政部的司長。

這段期間內，在革命陣營裡曾發生一項最不幸的事件，那就是「寧漢分裂」。當時蔣先生為了收拾這個局面，在萬不得已之下，於一九二七年四月十二日發表了一篇歷史上有名的「四一二宣言」。宣佈實行清黨，被清的對象，是當時與共黨沆瀣一氣的汪精衛。清黨後，又發生了兩件大事，一即蔣先生之一度負氣下野；另一即汪蔣政治鬥爭的開始。

有關蔣先生的下野事，若干記載已多，不再贅述，惟蔣氏下野不久，即被環請復職，即由日本回到上海。

蔣先生那次回滬，下榻於上海西摩路宋子文先生的寓所，不久，就傳出蔣宋聯婚的喜訊。

彼時政府雖已奠都南京，非但百廢待舉，而且連黃河以北的軍閥，也尚在負隅頑抗，離全國統一的日子尚甚遙遠，所以全國人心對於蔣先生的復職和婚事，都表示異常關切。

掀起了濟南五三慘案

蔣宋婚禮舉行的地點，是在上海公共租界戈登路的大華飯店。婚禮是先在宋宅採用基督教儀式，由余日章牧師證婚，被邀觀禮的人祇有少數親友。至於在大華飯店那裡則是公開宴會親友，以及按照中國儀式行禮的地方。

婚禮的證婚人，一共有五位之多，計為譚延闓、吳稚暉、蔡元培、何香凝、宋慶齡。這在中國式的婚禮中，也算得上是一個別開生面的創舉。

蔣宋的聯婚，不能說不對以後中國數十年的政治，發生相當影響。民十七年春，蔣先生以婚後愉快的心情，並以「犁庭掃穴，直搗黃龍」的決心，親自統率大軍，再行橫渡長江北上，人們後來就把這件事叫做國民革命軍北伐的第二階段。

此時彭氏也特別請求蔣先生把他派在第一集團軍前敵總指揮部充當政治部主任，親身參與了這次戰役。

不料當國民革命軍第九軍顧祝同和文鴻恩等部攻佔濟南之後，日本軍閥卻直接面加以干涉，而造成了中國革命歷史有名的：「濟南五三慘案」！

為了紀念這段國恥，彭氏特地不厭求詳地講述了這次事件發生的經過：

「原來，在日本過去的大東亞主義之下，已經決定的政策是支持中國各地軍閥造成中國的割據局面，以便於它們的從中取利。它們最不喜歡看到是中國統一局面的形成。那次國民革命軍的北上，以破竹之勢把直魯聯軍打得落花流水。日本軍部眼見這些事實，經過檢討的結果，一致認為除非由日本直接出面干涉，否則將無法阻止國革命軍的北進。於是他們便決定了一種冒險政策來阻擾國民革命軍的北伐。在彼時日本所以膽敢採取此種冒險行動的原因：第一是他們看準了在當時的國際環境下，不致引起列強直接干涉的可能；第二是他們估計國軍的實力，在那時也沒有對外作戰的力量，用不著顧慮會因為濟南事件而直接引起中日兩國的武力衝突。」

「日本軍部經過以上種種考慮後，便以護僑為名，下令日軍第八師團，由師團長福田彥之助率領著從青島實行登陸，用整列火車的火車向濟南方面輸送。」

蔡公時慘死黃郛簽約

「中國當局接到這個報告之後，馬上派出外交部駐濟南特派員蔡公時，偕同日本駐濟南總領事小山去向第八師團長福田彥之助進行交涉。誰知日本的軍閥原是蓄意要製造事端，蔡公時和小山總領事抵達第八師團司令部時，蔡氏根本見不著福田彥之助的面，竟被橫蠻的日軍將蔡的鼻子割去，眼睛挖掉，就這麼無法無天的加以殺害！」

「除此之外，第八師團於開抵濟南後，立即加以軍事佔領，而且還在濟南市每一條街道要衝構築了機關槍陣地，對於濟南市上來往的行人，亦不分青紅皂白加以盲目掃射，以致枉死在日本槍彈下的徒手軍人和老百姓共達二三十名，受傷者則不計其數。時間是一九二八年五月三日。」

「這時指揮大軍北上的蔣先生，突然接到了這個消息，便一面下令濟南那路大軍暫時停止北進；一面向日本政府提出嚴重的抗議。」

除了採取這個途徑之外，還由外交部繼續派出一名新的特派員康明震，趕到濟南去和福田師團長當面折衝，以期事件得告就地解決。

「福田彥之助這次的對待康明震，倒不像對蔡公時那樣殘酷得蠻不講理。但他表示，如果中國方面想要這次事件能夠就地解決，必須派專人和他進行談判，意思是嫌康氏的身分不夠。」

「那時中國的外交部長是黃郛，他看到這種情形，便由他親自出馬，去向小山總領事和福田師團長進行交涉。交涉的結果，福田彥之助堅持膠濟鐵路二十公里以內不准中國軍隊通過的條件，要黃郛簽字。經黃氏向政府請示，政府方面鑒於當前的情勢，中國除了迫得委屈求全外，並無其他途徑可循，祇好訓令黃氏照簽。」

「黃郛其人也算是中國有數的人才，他在敵人刺刀尖下，只簽了「知道了」三個字，而給中日外交檔案中留下了一個別開生面的簽字方式。」

蔣先生委曲求全之苦

「黃郛回到南京之後，曾就這一事件向蔣先生有所請示，蔣先生告訴他說：『我已經明白，日本不准許我軍在膠濟鐵路二十公里以內通過的原因，是為了要阻止我們的續續北伐。且我已經決定了改道從徐州那一方面北上，對於那種限制並不足以影響我大軍的繼續北進，所以我叫你照簽。』黃郛至此才了解蔣先生叫他簽字的苦心。但他還是不明白，日本那次開到濟南的僅是一個第八師團而已，我們控制在那一方面的部隊則多過日軍數倍，為什麼不對日本加以反抗呢？」

「蔣先生又心平氣和的告訴黃說：『以我們現在控制在濟南的兵力來說，解決日本第八師團那是沒有問題的，但即將成功的北伐大業，必定會因此而遭受重大阻力，和會惹起中日之間的直接衝突，而轉移了我們先安內而後攘外的目標。我的意思是：我們應該把握這次千載難逢的北伐機會，等中國完成統一之後，慢慢同日本軍閥算賬。』」

「據黃事後對人表示：蔣先生這次處置濟南事變的步驟和見解，從事後演變的事實方面加以觀察，是異常正確的。但就是這樣，黃郛回到南京之後，依然受到了國人的紛紛指責，他也只好悶聲不響地代人受過，不得不辭去外交部長職務以謝國人！」

當國府委曲求全地解決了濟南事件之後，蔣先生就把全副精神擺在北伐大業上面。北洋政府的陸海空軍大元帥張作霖雖是一個粗人，但愛國心特別強烈，他深恐中國繼續內戰下去，徒給日本軍閥製造滅亡中國的機會，遂立即通電下野，和下令東北軍退出關外。

張作霖拍桌說不賣國

日本軍部製造濟南事件的用意，主要是為了阻礙國民革命軍的繼續北伐，以造成中國的分割局面。如果東北軍退出關外，則它們阻撓國軍北上的計畫，勢必立即歸於幻滅。它們聽到這個消息，又立即派人見張老將，告訴張：日本準備用大量的軍火支援他，希望他繼續留在北京。那個去見張氏的日本人又告訴張說：「到必要時期，日本可以派兵從天津登陸，以阻止國民革命軍的行動。」

張聽到這裡，赫然大怒，當場把桌子一拍，大聲對那位日本代表說：「你以為我張作霖是什麼人，我大元帥可以不幹，也不能賣國！」

張作霖拒絕了日本代表的遊說以後，就毅然決然的下令奉軍退到灤河以東，留在灤河前線的軍隊，計有于芷山、孫旭昌、王瑞華、何柱國、于學忠、萬福麟、富雙英、富占魁等八個軍的番號，與孫殿九的騎兵師、商業昌的鐵甲車隊等，和國民革命軍的部隊隔著灤河對峙著。迄張學良將軍就任東北邊防司令長官之時為止，始終雙方面都未發生過軍事上的衝突。

那時國民革命軍的前敵總指揮是白崇禧將軍，他所指揮的第一集團軍有起用後的唐生智、何鍵、李品仙、陳調元、范熙績、劉興、唐生明、劉簡公等部；第二集團軍有阮玄武、方振武、高桂滋、宋哲元等部；第三集團軍有徐永昌、張蔭梧等部。

為什麼國民革命軍推進到了灤河之線，不繼續對東北軍進行攻擊呢？據彭氏指出，這裡面有如下一個內幕：

蔣先生在這次的北伐中，雖然非常順利的戰勝了孫傳芳的五省聯軍，和在汀泗橋一役擊潰了吳佩孚的精銳部隊，和打敗了直魯聯軍和東北軍的三四方面聯軍（張學良、韓麟春部），而逐漸形成全國統一的局面，但都抵銷不了濟南五三慘案所給他的重大刺激。

蔣與張學良曾作密晤

蔣先生認為東北問題可以用政治方式解決，所以不主張對東北軍持續用兵。他覺得如果國民革命軍繼續向關外推進，不但會造成兵連禍結，長年內戰的現象，而且也會給日本關東軍製造一個分裂中國內部的機會。所以他再三下令白崇禧將軍停止在灤河之線不動。

白氏當時對蔣先生的決策極力表示反對，與白持同一見解的人，是那位新獲起用的唐生智，依照白、唐兩人的看法：國民革命軍如果在此時打出關去，至少有百分七八十以上的把握，所以堅決主張要對關外繼續用兵。

彭氏則認為，這些都是表面上的一種說法，真正的內幕是白和唐兩人都是野心勃勃之輩，他們都想利用這個機會攫取東北這塊大地盤，故對蔣先生的決策拼命加以反對。

蔣先生對東北方面主張使用政治手段解決，並非徒托空想，據一位居中拉攏蔣先生與張學良之間關係的人告訴我（按：彭氏自稱，以下同）：在國民革命軍和東北軍對峙期間，蔣張兩人曾經極秘密地會過一次面，但這件事一直不為外人所知。拉攏蔣張秘密見面的人，是東北籍的×××將軍。蔣先生當年到莫斯科去的時候，此公正在紅軍大學讀書，蔣先生那次對蘇聯各方的來往，都由他擔任翻譯人員。我那時也正在莫斯科大學就讀，所以我和他甚為熟悉，無所不談，據他告訴我：蔣張那次的會面，參加的人祗有極少數的幾位，雙方面在不拘儀式的會談下，情緒非常輕鬆愉快。

張學良在那次會談中，首先誠懇的對蔣表示：

「一、東北軍絕對擁護中央，和接受中央的命令。

二、東北軍改組，本人就任中央所派的『東北邊防司令長官』職務。」

蔣先生也非常坦白的向張表示：

「一、東北統一於中央之後，中央軍不在東北地區內駐防。

二、所有中央派在東北的機構，在名義上雖然直隸中央，但接受張氏就近指揮。」

蔣張之間雖有默契，但當時有很多人對蔣先生的措施仍表示不滿，而喊出兩句非常牢騷的口號：

「軍事北伐，政治南伐！」

這兩句口號的含意是：國民革命軍在北伐軍事方面是取得了勝利，但在政治方面，卻被過去那些反革命和反蔣的人，都打入了國民政府，且擔任了各部院會首長及邊疆重任，以及繼續的統率著原來的部隊。

七、馮玉祥言所欲言的作風

當雄據東北的張學良未表明態度以前，中國政局在表面上雖獲得小康的局面，但在骨子裡卻是危機重重，隨時都有發生變亂的可能。

國民革命軍於北伐軍事粗定之後，在理論上說，軍隊是應該復員的，最主要的當然是編遣軍隊。所以蔣先生此時特地請馮玉祥將軍到南京作軍政部長，以期共同合作。

黃少谷暗中遞紙條

馮玉祥到達南京之日，也曾公開表示決心擁護中央，以完成全國的統一。但他在國府所舉行的歡迎會上發表演說，提到了軍隊待遇問題時，他便大發牢騷地說：「同為國民革民軍，有的按月發餉，有的祗發幾成，有的分文不發。革命是打不平，以如此不平而稱同志，從何同起？」

關於國府那次對於他的接待情形，他又借題發揮地說：「承蒙諸公體念玉祥平日節約，今天特用兩菜一湯招待玉祥。然而，第二集團軍的同志，卻從來沒有吃過這樣的好菜。在諸公是體念玉祥，而玉祥卻是和淚以吞！」

當時老馮的秘書長黃少谷在座，黃見老馮在袞袞諸公前言所欲言，誠恐開罪於人，遂暗暗的寫了一張紙條塞給馮看，紙條上的大意是說：

「今日在座的主人，均為黨國元老，我公發言似不宜如此率直。」

馮看到這個紙條之後，一時似有所悟，在大家歡談間，馮抓住一個機會站起身來，對在座諸公長者，一一加以恭維。馮說：

「國民政府之有今日，完全因北伐時期，畏公（指譚延闓）坐鎮後方之功。老前輩張溥泉，贊助西北軍最力。李協和先生一向指導本人革命。于右任先生以前在莫斯科時曾鼓勵本人鬥爭情緒，得以一同歸國。」

經馮如此這般的大大謙遜一番之後，人們的情緒亦略告平復。彭氏當時以奉命籌備這次宴會的關係，所以一切均係親眼目睹。

據彭氏說：老馮在軍政部長任內，很有意改革軍事，奈馮本人學力所限，不能有所作為。又因其固執己見，所以在那段期間，曾經鬧出很多笑話來：

有一次，在國父紀念週上，馮曾發言攻擊南京市市長劉紀文的夫人穿廿五元一雙絲襪之類，論者均認為馮不識大體。

又有一次，譚延闓主張調整文武職官薪餉待遇，馮當即加以反對。譚畏公則舉日本為例說：

「日本的生活水準很低，但其閣員及文武官員的待遇卻較中國為高。而且在事實上，我們拿千多塊錢一月，家裡傭人，又有應酬，實在是不夠開銷。」馮對此不僅表示反對，而且還大唱高調地反駁說：

「我們為什麼不可以節約？由自己兼理家事，太太洗衣服，為什麼一定要傭人？一定要用廚子？我們如何能比日本人？日本佔領我們的台灣、琉球和朝鮮，我們失去了多少國土。如果拿日本來比，只要我們能收復失地，國泰民安，我才願意代表四萬萬人民請政府官員加薪。」

克武漢老馮大失望

馮除了發言反對以外，事後還寫了一本小冊子，書名《國民政府的官員與豬》用來反對官員加薪這件事。這本小冊子的內容，是說豬受了主人的餵養，除了捨身報答主人以外，連豬毛都可以替主人換取外匯。國民政府的官員，受了老百姓的供養，究竟替老百姓做了些什麼事？捫心自問！能不慚愧！

據馮自己表示，他為了要政府好！所以對事對人，才不惜直言不諱，寧願扮黑臉，知我罪我，一概不管。至於在旁人眼中看來，馮的所作所為，在國民政府裡，分明是有意讓自己做個反派角色，無論任何會議或提案，只要有了他，就好像什麼事都不好進行。這種情形，經過了一個短期，等到「編遣會議」正式上演，終於使馮離開國民政府而去。

按說，在國家統一之後，養了那樣多的軍隊，自非編遣不可。在事實上，並不是為了藉名編遣對付那一部份。但這件事，卻興起了內亂之階，在當時殊非人們始料所及！

據彭氏說，當老馮離開南京後不久，彭有一次會到一位在馮玉祥幕府負相當責任的友人某君，說他在鄭州見到馮氏時，馮告訴他說：「我這次毅然決然地離開南京，主要是反對中央對武漢的桂系用兵。」

某君又悄悄告訴彭說：當中央準備對武漢用兵之時，曾有人向馮建議，要馮於中央傾其全力出兵武漢之際，由馮派遣一支勁旅直趨南京，即可進駐首都，控制一切。

馮聽了這個建議之後，也認為是個好機會，但不馬上表示意見，只推說此事還需作一慎重的考慮，晚間見面再談。等到老馮作了半日考慮之後，到晚間，直告某君說：

「我因知道中央將對武漢進兵，我才憤而出走，這等於桂系遭火，我在救火。現在若我也要出兵，豈不是將這把火燒到了自己的家中，此事萬萬不可！」

後來彭氏才弄明白：馮當時對那位建議給他的朋友所說的全是門面話。在馮的本意，以為中央軍這次的遠征武漢，一定是兩敗俱傷，他大可坐收漁人之利。殊不料中央軍那次進兵武漢，在軍事上並未費吹灰之力，就底定了武漢。這實使老馮感到大大的失望。

八、盛世才是怎樣崛起新疆的？

筆者按：在民廿年前後，彭昭賢先生一直在南京內政部供職，惟他眼見國內的政治情勢，始終動盪不安，在時艱莫補，咄咄書空之心情下，遂以結社方式，糾合一班志同道合之士，組織了一個「唯生學社」，當時該社所標榜的口號是：「救國之道，端在團結國內力量，鞏固邊防，以實際行動擁護國家的統一。」自該社組成後，社員人數，與日俱增，其中之一即為後來雄視西陲，曾出任新疆邊防督辦的盛世才將軍。

盛氏是東北人，早在民十三年郭松齡將軍在奉天北大營派筆者和彭筱秋辦軍官教育班時，盛便是該班的學生，因為他的成績優異，為郭氏所賞識，將他送到了日本陸軍大學深造。迨郭氏倒張（作霖）失敗，盛猶在日本求學，但學費則由蔣先生繼續供給。因為有了這種關係，盛學成歸國，即被派到中央參謀本部供職，職級是上校課長。

本節所記，即彭氏口述盛世才當年如何遠赴新疆？以及如何崛起邊陲的一切經過。

雲南新疆皆來邀聘

彭先生說：我當時所組織的那個「唯生學社」，原含有求生存和求進步的政治意義在內。盛世才是一個軍人，他居然參加了這個組織，由此可見其志不凡。

我們與盛氏相處的日子既久，都覺得以他這樣一個人材，久在南京參謀本部磨辦公桌，是不會有多大出息的。多認為應該替盛氏留意適當機會，能令他赴邊疆地區去謀發展，必能有所展布。我對這件事，自然份外熱心。

彼時，「雲南王」龍雲上台不久，為了整頓內部，龍雲想要在中央物色一個優秀的軍事人才，去主辦軍學教育。湊巧龍雲打電報來託我給他介紹一位，職務是擔任雲南講武堂的上校教育長。我接到這個電報後，覺得盛世才非常合適，特別請他來當面一談，他也表示非常同意。

想不到就在這個時期，新疆邊防督辦楊增新，也正派有代表來京述職，恰好這位代表又是我在蘇俄時期的同學，據他告訴我，他未到南京來以前，楊增新曾再三的叮囑，到京以後須物色一位軍事人材赴新疆擔任「新疆邊防督辦公署」參謀處長，並兼任「新疆軍官學校」的上校教育長。因此，他也再三的託我替他留意適宜之選。

我自然又想起了盛世才，並且也和盛交換過意見，因為一旦間有兩個現成的職務擺在面前，何去何從？盛氏自己也難以取決。經過大家研究的結果，都認為與其去雲南，不如往新疆。於是，盛氏便決定接受楊增新的邀聘。

范耀南殺害楊增新

盛到新疆後，除了在新疆督辦公署擔任參謀處長職務外，大部份時間皆放在軍官學校的教育工作上。過了沒有多久，由於新疆內部的暗殺事件突起，新疆邊防督辦一職，卻落在金樹人的身上，但盛氏仍供職如故。

原來盛世才到新疆之初，除了盡忠於本身的職守，對於外面的事務是一概不加過問的。那時的新疆除了督辦楊增新而外，尚有兩位炙手可熱的人物：一位是政務廳廳長金樹人（後來始改稱民政廳）；一位是外交特派員范耀南。盛對他們兩人都只保持若即若離的關係，從來不作過度密切的連繫。

范耀南是一個具有相當野心的政客，當時新疆的所謂外交，其實祗是應付蘇俄一個國家，由於范經常和俄國代表接觸的結果，俄代表就不斷的向他暗示：「俄國對於楊增新非常失望，假如范能取而代之，蘇俄將在軍火和經濟方面，全力的加以支持。」范最初並不敢存有這種狂妄的想法，後來那個俄國代表，又介紹「歸化軍」的俄籍旅長白平鼓托和范秘密洽商，才漸漸挑起了范的野心。

范耀南既有了這個動機與決定，就暗中從俄國代表那裡接受了大批活動經費，作為他策動軍隊倒楊之用。經過了幾個月的醞釀，范認為時機已告成熟，某日，遂特別備了一桌酒席，在外交特派員公署裡請楊赴宴。楊一直認為范只是一個外交人員，萬萬想不到他會有什麼異動，遂輕車簡從地親往赴會。

范見楊毫無戒備地來到，頓起殺機，可憐楊增新在措手不及下，就這麼送了命。假使范真有魄力的話，於殺楊之後，立即號召他早經部署好的俄國「歸化軍」和其他已有連絡的軍隊，馬上宣佈楊的死訊，擁護他繼楊之任，也許可以大功告成。但范當時卻以為，楊氏既已死去，而自己在「歸化軍」和一部份軍隊中又早已有所安排，再加上俄國撐腰，祗要楊氏暴病死亡的消息一經公佈，他將是毫無疑問的繼任人，因有此一想法，所以，他於將楊殺掉之後，竟不動聲色，裝做若無其事一般，坐在外交特派員公署裡等候「黃袍加身」。

金樹人乘機奪政權

原來那次請客，范於事前本來佈置得十分巧妙，他為了對外要保持極端機密，特地親身見楊面請赴宴，並且告知楊，有俄國代表在座，希望楊不要太過公開，行動越機密越好。

誰知楊氏赴會那天，正碰上金樹人有事來到督辦公署要向楊氏當面請示。楊於談話時不經意地隨便告訴金樹人，說范特派員請他吃飯，並準備即席和俄國代表商談中俄間若干問題。到了是日深夜，金又有事赴公署見楊，即已看見公署裡空氣緊張，人心惶惶，大家都不知道督辦到什麼地方去了。

此時，金心裡已經有數，他立即調集省政府的大隊衛隊人員，用迅雷不及掩耳的手段將范的住所重重包圍起來，接著便在裡面一陣搜索，果然在寓所後園的花台上，赫然發現楊和他隨從人員的屍體。由於證據確鑿，范至此已無法抵賴，金一面下令把范逮捕，立即解押至督辦公署；一面宣佈用政務廳廳長的名義暫時代理新疆省主席，同時則宣佈范耀南的罪狀，將他送交於法院辦罪。

至於與范耀南早有連絡的歸化軍和其他少數部隊，看到了這種情形，自然不便出頭，金樹人就這樣上了台。由於他和中央素無奧援，遂透過兩名代表一位名叫魯耀祖；一位名叫唐祿。他們到了南京後，立即到內政部見我，面將金樹人的意思詳為轉告，依照金樹人之意，他除了新疆省政之外，還希望兼任新疆邊防督辦之職。

我為了這件事，特別找到鈕永建和李烈鈞兩位老先生商談，鈕、李對於新疆變亂，皆十分關切，且願替金樹人做疏通工作。經過他們兩位的對蔣先生說項，金樹人果然獲得了中央的正式任命。

攻哈密盛世才出頭

彼時，新疆的情形複雜之極，金樹人雖在名義上擔負著「新疆邊防督辦」，但新疆內部依然是四分五裂，在地方武力方面，既有馬仲英擁兵自雄，又有哈密王的私人武力，他們橫行邊地，都不接受金樹人的命令。

金除了擁有一個番號第一師的部隊，由其介弟金樹聲直接統率外，還有一個由俄國人編成的一旅「歸化軍」。此外，就是警察和地方保安團隊，根本不能作為正規武力使用。

不久金樹人奉到中央命令，對於哈密這個地區準備推行「改土歸流」政策，下令把哈密正式改為縣治，並派出縣長去執行職權。

哈密王認為金樹人的這種措施，是要消滅他的傳統勢力，遂在哈密發動了叛亂，正式宣佈獨立，不接受中央的命令。

金樹人迫得要憑武力解決，立即派他的弟弟率第一師對哈密王實行討伐。想不到這一師軍隊，和哈密王的部眾剛一接觸，即狼狽的敗退回來。金樹人在此種情況下，迫得陣前易帥，改派盛世才指揮第一師，將全師之眾，重加整補後，再次對哈密王實行反攻。也許由於盛世才的指揮得宜，或是由於運氣好，一次會戰下來，就將哈密王的武力完全擊潰，聲威大振。按當時金樹聲弟仗兄勢，不但身任第一師師長，而且還遙領著督辦公署參謀長的名義。但在實際上，一切皆是由盛氏以參謀處長的身分代拆代行。在幕僚業務方面，本來早已掌握在盛的手上，所遺憾的是他並沒有掌握到實際權力，故不能有所作為。這次是天假之便，在哈密王的叛亂中給了盛一個特佳機會，他焉有不加以把握之理。此時盛氏靈機一動，先秘密派人返回迪化省城，和「歸化軍」的俄籍旅長白平鼓托暗中取得了連絡。

白平鼓托最歡迎的是新疆內部有事，好讓俄國從中取利。自經盛氏派人前來連絡，可說一拍即合，他馬上答應盛世才，在迪化省城防務空虛時期，由「歸化軍」舉起反金的旗幟，先替范耀南報仇。白平鼓托因為實力在握，說幹馬上就幹，金樹人因變起倉卒，驚惶失措，一方面由他的親信人員保護他逃出迪化；一方面下令著盛世才火速班師回省鎮壓變亂。

白平鼓托擁盛上台

白平鼓托對於金的出走，並不加以阻止，但卻於金出亡之後，立即佔領了督辦公署，通電歡迎盛世才回省主政。盛所指揮的第一師，於接到白旅長的擁盛通電後，也一致的對盛表示擁護。盛氏便是在這樣的局面下，輕而易舉的取得了新疆邊防督辦的高位。

盛被擁上台後，他雖取得了新疆的政權，而且也控制了第一師和「歸化軍」這兩部份主力部隊。但中央方面對於他的冒起，是否加以承認，卻在不可知之數。

盛氏為了要取得中央的承認，於上台之時，特地把新疆事變經過，頗詳盡地先給我來了一封電報，同時還鄭重託我設法在蔣先生面前替他講話。

接到盛的電報後，我認為茲事體大，不敢馬虎，就親身到江西南昌去晉謁蔣先生，當面將新疆的事變經過，向蔣先生作了一個非常詳盡的報告。

蔣先生於聽到我的報告後，也很慎重的考慮了良久，一則由於盛氏在日本陸軍大學求學的後期，因郭松齡之失敗，是由蔣先生繼續供給盛的學費，在名義上和盛有師生之份；二則不管怎樣盛世才究竟是由中央派到邊疆去的人，由盛負責省政，總較就地取材便於掌握。考慮的結果是，中央終於又正式任命盛世才為新疆邊防督辦，並兼任新疆省政府主席。

當時新疆局面，在表面上似乎像是統一的，但在實際上，盛氏的權力所及，在初期也僅侷限於迪化省會所在地區。在哈密地區駐防的有馬仲英的三十六師；在伊犁駐防的有張培元的第八師，這兩部武力照樣割據自雄，都不接受盛世才的命令，和盛氏形成鼎立而三之局。中央方面了解此種情形之後，為求暫時安定新疆的局面，也祇好承認實現，分別地對盛、馬、張都發表了一個名義：

一、發表盛世才為新疆邊防督辦。

二、發表馬仲英為哈密警備司令。

三、發表張培元為伊犁屯墾使。

這三個名義同時發表後，表面上是盛世才的名份最高，惟由於其本身接任不久，對於第一師和「歸化軍」還未達到確實掌握的程度，所以他也祇好隱忍著，暫時和馬仲英、張培元兩部，保持相安無事的狀態。

九、盛世才與汪精衛新疆鬥法記

筆者按：彭先生以為，民國二十年所發生的「九一八」事變，就中日兩國的未來前途來說，固然是同蒙不利。但其中卻便宜了兩個人：一是因此在政治上掌握了機會的汪精衛；另一是在軍事上意外獲得了兵員補充的盛世才。

「九一八」事變發生後，汪精衛於民廿一年從歐洲回國，閻錫山也從日本回到山西。他們喊出的口號是：「精誠團結，共赴國難。」這在表面上是理由十足，誰也無法加以反對的。

蔣汪合作共赴國難

彭先生說：汪精衛回到上海，立即給蔣先生一個電報，要求舉行「救國會議」，以共同商討挽救危亡的方案。當時蔣先生的處境，正感極度為難，汪氏既然回國，又表示願捐棄前嫌，重新合作。蔣先生自然樂於周旋。馬上表示歡迎汪氏入京，共商大計。蔣汪二氏經過一度懇商後，蔣立即同意由汪氏改組行政院，並請汪出任行政院長。

這時的國府主席，仍由林森擔任，行政院卻是責任內閣，管轄各部，獨攬行政大權。據我所知，汪當時與蔣重行合作，有共同商定的左列三項原則：

第一、蔣和汪都不擔任國府主席，仍由林森先生出任。

第二、黨權和軍權，由蔣先生加以掌握，政權則由汪氏全權處理。

第三、由汪出面對日本推行親善政策，蔣則在幕後充實國防，以準備對日本的最後一戰。

這樣一來，汪精衛便成了蔣汪合作時代的「擋箭牌」，所以每次發生政治糾紛，都是由汪氏首當其衝。

就在這段期間，盛世才在「時勢造英雄」的局面下，取得了新疆的統治地位，不過，盛氏的實力初時仍甚薄弱，在新疆境內，既有雄據哈密的馬仲英，又有稱霸伊犁的張培元，馬張兩人都是擁兵自重，各自為政，並不聽命於盛世才。

此時南京中央方面，對於新疆情況，雖有鞭長莫及之苦，但亦不能長此看水流舟，讓它互相火併下去，於是，汪氏靈機一動，便發表黃慕松為新疆宣撫使，率領著一批隨員，浩浩蕩蕩地進入新疆，展開宣撫工作。

黃慕松事敗遭軟禁

前面已經說過，汪精衛原是一位具有政治野心的人，他那次派黃慕松入新疆，其任務並非表面上的宣撫那麼簡單，在事前汪氏已與馬仲英、張培元兩方面先有默契，而且深悉彼時盛世才的實力異常空虛，馬、張對於汪的派員前往，皆已暗中表示擁護，由此可見，黃慕松那次啣汪命前往新疆，其真正任務是要弄垮盛世才。

黃入新疆後，因係中央派來的大員身分，自然另有一番風光。經過短期的官式活動，黃即開始假藉他的「宣撫使」名義，在迪化（新疆省會）大肆活躍，前後經他拉攏的人，計有新疆省府秘書長陶明龢、空軍司令李笑天、中央警官學校教育長陳中等人。正當黃進行和馬仲英、張培元兩方武力聯合倒盛的時候，不料事機不密，春光外洩，被盛得到了消息。盛氏雖然羽翼未豐，但也不是一位好惹的人，迅即決定，先下手為強，遂乘黃慕松和他們舉行會議的時候，暗中調兵遣將，猝然之間，將黃下榻之處，密密層層地加以包圍，並毫不客氣的進入捕人，因為事出突然，無從閃避，結果，與會人等，一網成擒。陶明樾、李笑天、陳中等三人被盛氏就地槍決。至黃慕松，因係中央派來的大員，不便加罪，從是日起，亦被軟禁起來，隨黃一同去的人，也遭受同樣被軟禁的命運！說起來這真是替中央丟臉的事，黃等雖一時沒有生命的危險，但一位由中央派去的堂堂大員，居然假借中央宣撫地方的名義，來策動地方上的變亂，而且人證物證當場齊備，不管怎麼說，中央方面都不能推說不知道。

汪氏後來知道盛世才到新疆去是經過我的推薦，無形中對我深致不滿。為了這件事，汪曾經向蔣發了幾次牢騷，但內幕究竟是怎麼回事，蔣先生心裡非常清楚，所以對我也並未追問。事過不久，蔣先生曾約我到官邸就新疆情況和他作了一次非常懇切的談話。

蔣先生促我赴新疆

蔣先生那次對我說：「慕松這次在新疆輕舉妄動，固然是他個人處置的失當，但為了維護國家的威信，和保持汪先生的體面，我希望你用軍事委員會視察專員的名義，前往新疆去一趟，當面和盛世才談談，讓此問題早作解決吧！」

我當時受到蔣先生的委託，當然無法推辭，隨即摒擋一切，尅日啟程。臨行前並電知盛世才，讓他知道我馬上就要來了。

我抵達迪化之日，受到盛世才的熱烈歡迎，下榻於盛氏的私邸，並讓我住在朝東的那一列房子裡，盛和他的夫人則住在西面的房屋奉陪。因為這樣，我和他可以隨時見面，隨時作密談。

過了兩天，我才開始和盛氏談到黃慕松事件，那是在那天的晚飯之後，賓客皆已散去，小客室裡只有我和盛氏夫婦三個人。我提起此事，係以老哥的口氣和盛懇談，彼此談了一小時後，誤會差不多都冰釋了，最後我對盛氏說：

「現在事情已經過去了，對於黃先生，你實在沒有扣留他在新疆的必要。我希望你能夠為人之所不能為，以禮把他接待進來，還是以禮把他送了回去。」

盛氏對此略加考慮，很乾脆地答道：「就這麼辦吧！」到了次日，果然即撤除了對黃慕松及其隨員等的監視，而且還替他們包了一架飛機，把他們送回南京。我那次在新疆耽延了十個月之久，一直等到新疆局面穩定下來，才返京覆命。

汪精衛院長對於新疆問題經過這次打擊之後，當然他把盛世才恨之刺骨，必欲去之而後快。過了一個短期，在汪氏的策劃下，中央又要派人前往新疆，所派的人，份量更重，就是當時的外交部長羅文榦，羅氏赴新的名義是「視察邊疆外交事務」，而我那時尚留在迪化作客未走。

羅文榦走後起風波

羅文榦到了新疆後，先在迪化住了一些日子，接著就分別視察哈密和伊犁兩地，先後和馬仲英、張培元都見了面。羅氏當時和馬、張兩人所說的是些什麼，局外人雖不得而知，但有一件千真萬確的事實，羅氏雖欲否認亦不可得。那就是：當羅氏離開了新疆不久，哈密和伊犁的武力，立刻聯合起來，高舉起反盛的旗幟。

此時新疆的地方武力，原本是盛、馬、張鼎足而三的局面，如今馬、張兩部的兵力合而對盛，自然大佔優勢。倒盛的行動一經公開，馬仲英立刻與哈密王的舊部堯樂博士（此人現居台灣）以及赫嘉尼亞茲等部連合在一起，突然進兵，將迪化省城圍得水洩不通。

那次圍城，伊犁張培元的第八師，祇是遙為聲勢，並未參加實際戰鬥行動。我那時因尚留在迪化未走，也得恭逢其盛，據我所知，彼時馬和張聯合倒盛的行動雖然一致，但在宗旨方面，則頗有差別：

伊犁張培元的倒盛，動機比較單純，他祇要能夠把盛打倒，替他出一口氣，就認為心滿意足了。在他本人既沒有取盛而代的野心，而且更不想對新疆的現狀，有所改變，只要繼續能做他的「伊犁土皇帝」便算。

馬仲英則不然，他不但要把盛世才打倒，而且還要把新疆改變成為一個獨立的王國，他在圍城的時候，曾散發了很多傳單，說明他打倒盛世才的目的，是為了要在新疆成立一個「東土耳其斯坦國」。由此可見，馬仲英的野心為如何！

迪化城被圍了兩個多月，馬仲英的圍城部隊既沒有打進城來的力量，盛世才的守城部隊，也無力對馬部實行反攻。

可是，日子拖延久了，城內的糧食首先發生了問題。我那時仍住在盛氏官邸的東面房屋裡，盛氏在憂患中對於我更是不可須臾離，無形中我成了他的一個最親近的顧問。記得當時蘇俄派在新疆的代表，是和我在莫斯科大學裡的同學，我因為是在新疆作客的關係，雖然有好多次和他見面，但很少和他談到政治問題。有時對方的談話涉及到政治問題時，我也多方閃避，或不表示任何意見，以免捲入新疆政治是非的漩渦。現在整個新疆局勢既已瀕臨危急關頭，假如再這樣僵持下去，迪化城在內無糧草、外無救兵的情況下，遲早將落在馬仲英之手。這不僅是盛世才個人的失敗，也是整個中國的失敗！因為馬仲英既已揭出了「東土耳其斯坦共和國」的招牌，這場內戰，顯然非平常爭奪地盤可比。

向蘇俄代表下說詞

有一日，俄國代表×××因事來訪盛氏，並特來東屋拜候我，大家在談話中，我忽然靈機一動，特別請盛夫人招呼廚房預備了幾樣精緻小菜，挽留俄國代表在此便飯。這一頓晚餐，並無外客，在酒足飯飽之餘，我認為下說詞是時候了，抓住了一個機會，便向蘇俄代表進言道：

「你來到新疆很久，我想你一定知道中國的近代歷史，當年左宗棠的平定新疆回民作亂，是因為貴國曾經接濟了我們一大批糧食。現在，馬仲英假藉外國的勢力圍攻迪化，新疆是中國的國土，盛督辦也是中央任命的官員，馬仲英因為自己手中擁有一部份武力，就擅自率兵倡亂，把省城包圍起來，如果日子一久，一定會發生糧食問題。新疆政權倘若淪入叛將的手中，不但覆巢之下沒有完卵，尤其是馬仲英所號召的『東土耳其斯坦共和國』，是不是與貴國的權益衝突？你應當特別的考慮一下。」

蘇俄代表聽我這樣一說，也覺得問題相當嚴重，立即很鄭重地表示道：

「對於這項問題，我非常願意接受你的意見，你看，怎麼辦才好呢？」

我見他如此鄭重發問，便非常客觀的向他作進一步的分析道：

「我認為新疆的政權，若繼續握在中國政府手上，對於貴國有極為顯著的三點利益：第一、中國和貴國接壤的地區長達幾千里，對於這些地方，貴國都不必設防，因為中國決不會對貴國進行侵略，這是貴國信得過的事；第二、新疆和中國內地交通不便，但與貴國方面則恰恰相反，因此，新疆出產的若干資源，貴國都可以利用交通便利的關係，以極低廉的代價購得，中國本身反而無此便利；第三、新疆是一個工業缺乏的地區，它原是貴國的一個重要市場。」

蘇俄代表對這幾點都連連的點頭稱是，我唯恐他還有不瞭解的地方，又再加強的說道：

「倘若馬仲英佔領了迪化！和在外國勢力的支持之下，成立了『東土耳其斯坦共和國』，在貴國方面，同樣的也會發生三點不利的地方：第一、貴國在邊境上必須處處設防；第二、新疆出產的原料，決非貴國所能染指；第三、貴國立即喪失了一個有利市場。」

至此，蘇俄代表連連點頭道：「我完全同意你的說法。」

這時盛氏只坐在一旁側耳靜聽，不發一言，我又接下去說：

「帝俄時代的幫助左宗棠平定新疆回民之亂，足以證明貴國當時執政者有魄力、有遠見。現在新疆又發生同樣的問題，假如這件事不能解決，我認為影響最大的是貴國，其次才是我們中國。」

俄援空軍立解城圍

經過這次懇切的談話，蘇俄代表認為俄國對於新疆事變實不容置身事外，必須馬上站出來，對盛世才督辦進行大力的援助，讓他有力平定新疆的局面。原則方面既已有了具體的決定，剩下來的技術問題就容易解決了。盛和我經過幾度密商，結果，由盛氏請外交部駐新疆特派員陳得厲出面，和蘇俄代表商談援助的細節問題。

那次的外交，辦得非常順利，一共在俄國方面得到的援助是：價值三百萬盧布的軍火——其中最主要的是由俄國派來了三十架飛機，連駕駛員都包含在內——這批空軍人員，在飛機未飛來中國以前，已經先塗上了中國青天白日滿地紅的國徽，飛機開到了迪化後，立即參加作戰。馬仲英的軍隊和堯樂博士等部，一向打的都是平面戰，對於立體作戰不但缺乏經驗，而且連防空的常識都毫不具備。所以，當這批空軍人員開始轟炸和掃射之後，馬部立即狼狽四竄，連夜逃往新疆南部，迪化的城圍輕易地立告解除。

另外，俄國那次接濟盛世才的軍火，其中包括有機關槍、步槍、通信器材等軍用品，也於城圍解除之後，由俄國運到了阿伊顧斯交付過來。

過此不久，東北軍義勇軍馬占山、蘇炳文、李杜等部也繞道西伯利亞開到了新疆，盛氏就利用這批俄援武器把他們裝備起來，所部實力，突告壯大多倍。至於馬仲英和哈密王的殘部，於退往南疆後已無足為患，此時在新疆北部所遺留的反抗武力，祇剩下伊犁張培元一股了，而張的內部不久便發生了人事上的糾紛，迫使張培元拔搶自殺。新疆的反抗勢力，便在一逃一死的情形之下，全部瓦解。下期當再詳述東北義勇軍繞道西伯利亞開入新疆的內幕經過。

十、東北義勇軍繞道俄境返國秘史

天地間的事說起來真正是奇妙得很，就在盛世才就任新疆邊防督辦後不久，東北義勇軍馬占山、蘇炳文、李杜、王德林等部，都紛紛由俄國西伯利亞繞道撤退到了新疆，人數總計是七萬五千餘人，無形中等於給盛世才增加了一批子弟兵，所以才使盛氏在新疆的基礎，臻於鞏固的地位。彭昭賢先生和我講述這段往事時，曾非常感慨的說：「一個人運氣來了，連城牆都擋不住！盛氏在南京供職之時，不過是一個上校課長的地位，到新疆不幾年，居然一躍而登上了上將邊防督辦的寶座，這雖是人謀，亦由天意！」

七萬五千人退抵新疆

彭先生說：盛當時心中念念不忘的，便是他手中缺乏嫡系的部隊！現在居然出乎他意料之外，驀地由東北開來一支家鄉子弟兵，叫他怎不喜出望外！

東北義勇軍從西伯利亞退往新疆，原在事前交涉好了的，祇是由那裡假道便撤往中國內地，根本就沒打算在新疆停留。所以，在編制方面，原來的義勇軍帶兵官多已自動離開了隊伍，因此，在撤退中便按左列的陣容重新予以編列：

（一）將官十四人：其中包括馬占山、蘇炳文、李炳、王德林、張大同、王爾瞻、吳德林、張殿九、劉醒鐘、謝珂、金奎璧等，將級人物，另成一個行列，預定行程，係由歐洲繞道回國。

（二）由上校級到少尉級的軍官，已自願脫離隊伍者，計共一千餘員，特別編成一個軍官團，準備抵達新疆之後，再由那裡徒步回到中國內地。

（三）將七萬五千名士兵編成九個旅，其中各級帶兵官，由排長到旅長，除少數是原有未自願脫離的官長以外，其餘都從士兵之中加以挑選。所以，經過那次重新編制後，除了第一旅旅長安子明是中校階級的軍官以外，其餘各旅旅長都是從尉官中臨時互相推選出來的。

（四）為了對外辦理交涉，以及安排這批隊伍從新疆的過境問題（最初並沒有留在新疆的打算），大家一致公推張大同將軍專負其責。

在新疆的盛世才獲悉了這個消息之後，馬上便找我（彭氏自稱，以下同）商議大計，我那時以中央人員的身分，雖然不便對他作過度露骨的獻議，還是向盛氏暗示的說道：「聽說從俄國西伯利亞撤退回來的東北義勇軍，在七萬多人數中，有百分之九十是東北老鄉。他們此來，雖然高喊著假道新疆回國的口號，但我相信若在你的善為運用之下，他們是有可能留在新疆的。對於這件事，請你原諒我對你不能作什麼幫助。」

盛世才原是聰明絕頂雄心萬丈的人物，對於我所暗示他「善自運用」這句話，馬上心領神會，立即準備用全副精神來接待這批老鄉，和儘量的爭取那些士兵的好感！

張大同將軍痛話當年

為了接待這批回國軍人，盛氏在事先特意的成立了一個「新疆各界歡迎東北歸國團籌備處」，派出他的弟弟擔任這個籌備處的主任。分別地先替歸國士兵準備營房，給隨軍平民準備宿舍，並全力發動新疆各界人民捐贈慰勞物品，幹得非常起勁，有聲有色。

當新疆這邊廂的準備工作大致完成之時，那批歸國團的領隊人張大同將軍已先率領少數設營人員，從西伯利亞飛到了迪化。

張大同是蘇俄紅軍大學出身，原籍東北濱江縣，由哈爾濱工業大學畢業後，就考入了莫斯科紅軍大學，蔣先生代表中山先生到莫斯科去的時候，就是由他擔任翻譯職務，所以在私人關係方面，他可算是東北最早和蔣先生接近的人。東北義勇軍的撤入俄國國境，大家因為他擅長俄文俄語，才公推他做了領隊人，無論什麼交涉，都是由他代表出面。

張在東北人士中，不失為一個傑出的人材，對於政治和軍事都有超卓的修養和見地，所以，人們便公送了他一個綽號叫做「萬能博士」。據我所了解，「萬能博士」這個稱呼加之於張的身上，他的確可以當之無愧。過去的事暫且不談，即以刻下而論，他如今在日本東京開了一間貿易公司，經營進出口貿易，我們經常可以見面，祇要他的話匣子一打開，可以說「天文地理、三教九流」無所不知，無所不曉。關於他這次做東北義勇軍的領隊人假道西伯利亞回返新疆的經過，我曾和他作過一次詳談，茲特記述於下。

大家公推我做總代表

我問：「東北義勇軍那次從滿洲里國境撤往俄國，後來又從西伯利亞送到新疆，是由你擔任總代表，我希望你把這段經過較詳細地對我講講。」

張說：「江橋會戰以後，自從馬占山同日本合作，結果因為抵受不了日本人的壓迫，他便假藉一個視察的名義，由黑龍江省城溜走，這時在東北方面曾經引起一個很大的騷動。所有抗日的軍民人等，都紛紛向俄國邊境滿洲里一帶集中。」

我問：「聽說一共有幾萬人，是嗎？」

張答：「那次集中在滿洲里附近的東北義勇軍共約七萬五千人，此外，另有平民一萬四千餘人（包括家屬在內）。」

我問：「這樣散漫的一個隊伍，怎麼樣加以管理呢？」

張答：「那時我們有一個組織，叫做東北抗帝武裝人民歸國團，承蒙大家的好意，公推我為這個組織的總代表，負責對內指揮隊伍，對外辦理交涉之責。那次撤往俄國國境以內的義勇軍，在中東鐵路線以東地區的，包括有丁超、李杜、鄭興、王德林、楊錫山、王瑞華、殷千秋和李破爛等人的部隊；在中東鐵路線以西地區的，包括有馬占山、蘇炳文、張殿九、程志遠、郭道夫、張文柱、李海青、徐子鶴、王爾瞻等人的部隊。每股人數，最多的達四五千人，最少的也有五六百人不等。一共湊起來竟有七萬五千多人。」

張又告訴我說：「除了在中東鐵路兩側的義勇軍以外，在草地方面的，還有郃斌山和徐景德等部，七拼八湊的，也記不了那麼許多。」

俄方拒絕假道的要求

我問：「在那個時期，中俄尚未正式復交，你們是用什麼方法，獲准進入俄國國境呢？」

張答：「一九三二年的下半年，日本軍隊已經完全佔領了中國東北土地，那些分散在吉林、黑龍江兩省的游擊武力，經日軍的積極掃蕩下，他們在東北已無立足餘地。自從馬占山用視察防務的名義，帶著他的秘書長兼民政廳廳長韓立儒，和財政廳廳長郎官普、秘書杜簡若等逃往俄國邊境以後，日本軍隊對於中國游擊隊的壓迫遂更形加緊。那時，大家似乎在無形中有了一個默契，都紛紛的集結在中俄邊境方面，準備死裡逃生之計。我大致可以想像得到，這些為了求取生存的中國同胞，那時一定對革命後的蘇俄都還抱有好感，認為在反抗帝國主義的目標之下，俄國一定會對我們表示同情，所以大家才不約而同的，退到了俄國邊境。然而，事實上並不如人們想像中的那麼順利。當我們的隊伍集結到滿洲里附近時，經過我們外交部派駐滿洲里的外交特派員向俄國方面提出假道的要求後，立刻就遭到俄國方面的拒絕。」

張接著說：「在中俄邊境西伯利亞鐵路接軌的地方，俄國在那裡敷設了一個火車轉盤。平常它們是把這個轉盤鎖了起來，等到接軌的火車開到，才由俄國站長把它打開。行過這個火車轉盤不遠，就是大小兩個山洞。大山洞的工程很偉大，如果把它破壞了，非經過五六年長久的時間才能把它修復，小山洞的工程較小，但如果破壞了，也非經過一年的時間，無法修復。」

和加倫將軍直接交涉

張講到這裡，向我苦笑了一下，再繼續的說：「好在那個時候，中俄邊境方面俄國並沒有派出重兵在那裡防守，交涉既無結果，我們祇有使用無賴的手段，聲明俄國方面如果不肯答應我們假道的要求，我們就準備武裝進入俄國國境，並把興安嶺的大小兩個山洞，加以破壞，以為威脅！」

「事情這樣僵持下去，終究不是辦法，而且處理稍一不慎，還會立即引起武裝衝突的可能，因此，俄國派駐在那裡的外交人員，在態度方面似乎有了軟化的趨勢。於是，我便請求他們准許我和蘇俄遠東軍總司令加倫將軍通電話，結果，他們答應了，從此，我便能在電話中逕向加倫將軍直接辦理交涉。」

「經過幾次電話交涉之後，加倫將軍終於接受了中國人民武裝行列進入俄國國境的要求。但有一項交換條件，便是這些人進入俄國國境之後，便須立即解除武裝。」

總計那次被蘇俄繳收的武器計有：

(一)飛機四架。

(二)大炮一百餘門。

(三)步槍十萬枝。

(四)機關槍、迫擊炮無數。

(五)機車四十九輛。

(六)火車七百多輛。

「那次開入俄國的行列，連軍隊帶平民，一共編成了四十多列火車，每一列火車的車廂，多的是百節上下，少的也有四十節左右，那個時候，中東鐵路的車皮幾乎被拉一空。中東鐵路當時祇有五十輛新式機車，在那次的撤退行列中，被拉走的就有四十九輛之多。這些火車排列起來，大致須佔用鐵路線約二百多公里的長度。」

文化城中偏有集中營

「在我們大隊人馬未進入俄國國境以前，我曾經派人先把札蘭諾爾的煤礦予以炸毀，估計非半年以上的時間，無法加以修復。另外我為了控制人質，還捕捉了五百多名日本方面的俘虜，也把他們挾帶著退往俄國境內。這批俘虜裡面包括有：日本國際警察二百多人，日本派駐在滿洲里、博克圖、海拉爾等地區的特務人員三百多人。其中有兩名地位最高的人，一名叫米盛，是關東軍派駐在海拉爾的特務機關長；另一名叫猪口，是日本派駐在外蒙的關東軍特務機關長，他因事到海拉爾來連絡，也被我們一起帶到了俄國。」

「加倫將軍原先答應我們的條件是，等這些人退到俄國國境以內，指定在多摩斯克和沃摩斯克這兩個最大城市附近集中管理，以等待機會向中國國內遣送。」

「我們到了那裡，才知道在這兩個城市二十公里的近郊，俄國早已設有二十多所集中營，俄國人卻稱之為『八拉克』，每一所集中營裡都有十幢到二十幢的房子，每幢房子可以收容五百人左右。加倫將軍所以指定我們住這裡，就是因為有這些空閒房子的關係。」

「這兩個蘇俄城市，是西伯利亞有名的文化城，在那裡的大學就有九所之多。自從一下子到了這麼多的中國人之後，憑空的給這兩個文化城增加了不少點綴。」

「這時日本早已和俄國恢復了邦交，日本駐蘇大使廣田弘一，聽到說中國東北義勇軍帶了五百多名日本俘虜退到了西伯利亞，就派出了它們的陸軍武官向俄國方面提出嚴重交涉。」

「俄國方面這時對日本外交非常軟弱，接到日本這個照會後，馬上派人向我提出要求，要我把這批俘虜立即移交給他們管理。中國的歸國團，此時是寄人籬下，對於俄國提出的要求，自然無法拒絕。於是，這批辛辛苦苦帶來的日本俘虜，便這樣輕易的移交過去了。」

「我們那次到俄國去的歸國團，在名義上是受俄國的接待，暫時在那裡作客。但在實際方面，這些人不分地位高低（包括將官和校尉軍官團在內），住到了集中營之後，在行動上都受到了俄國的嚴格管制。除了我這個總代表和副代表任作田兩個人（任氏未出國前曾任哈爾濱青年會總幹事，對於俄文有很高深的造詣），經由俄方發給特別許可證，得以自由出入外，其餘的人，非奉允許，都不准離開集中營半步，連馬、蘇、李、王等最高級將領，都無例外。」

入俄境後三天無飯吃

「那時俄國革命成功不久，由於連年戰亂的關係，國內的糧食極感缺乏。除了軍隊以外，普通人民大都陷於半饑餓狀態中！對於這些外來的客人自然沒有照應的餘力。說來也許使人不信，我們這些難胞到了俄國以後，一連三天連一點東西都不曾入口，俗話說得好『人是鐵，飯是鋼』，不吃飯誰也受不了！」

「俄國派在歸國團負責取連絡的人是紅軍遠東軍總司令部少將副參謀長米哈伊洛夫，和以下的幾名階級較低的連絡官，眼巴巴看到這種情形一點辦法也沒有。據米哈伊洛夫某次向我表示：『除非由上級派人送來，現在俄國是實行配給制度，和封鎖了市場，限制自由買賣，有錢也沒有辦法買到糧食。』」

「我當時曾問他：『上級什麼時候能夠送來糧食呢？』米哈伊洛夫攤了攤手說：『不甚清楚啊！』我覺得這種情形非常嚴重，便馬上要求米氏請允許我和加倫將軍直接通一次電話。」

「在我和加倫將軍通長途電話中，我再三的向加倫要求，務請他看在人道主義和他與中國人多年相處的友情方面（加倫在未就遠東軍總司令以前，曾在我國擔任軍事顧問多年），在食糧未正式配給到以前，無論如何要替這些難胞想想辦法。加倫將軍總算不錯，馬上在電話中指示米哈伊洛夫，我們所需的糧食暫由紅軍的定量糧食中，每天每一人（大人小孩不論）分到兩塊麵包，以苟延生命。」

十一、馬占山在俄境被扣的插曲

筆者按：在上節裡，彭昭賢先生講到東北義勇軍退入俄境後，捱了三天餓，沒有東西吃，幸虧加倫將軍大力幫忙，允在蘇俄紅軍的定量糧食中，每天每人分到兩塊麵包，苟延生命，可謂慘極！

原來當時俄國國內的糧食異常缺乏，在市場上金錢已經變成不重要的東西，若是以物易物，倒非常受人歡迎，以一雙女絲襪，去換取一個女人的整夜享受權，已不算是一件稀奇的事。

以下所記，是東北義勇軍總代表張大同將軍和彭昭賢先生的一席談。

馬占山將軍突告失蹤

張大同接著說：「為了解決糧食問題，米哈伊洛夫（紅軍遠東軍總部少將副參謀長）曾經同意僱用中國一部份士兵，去作伐木的工人。依照蘇俄當時的規定，一個勞工，每天每人可以分到八百格蘭姆的麵包，不做工的人祇能配給二百格蘭姆的定量，其間是相差甚遠的。經過多方面的設法與安排，才算勉強把糧食問題得到解決，大家暫時不致捱餓。卻不料就在此時，突然間發生了馬占山將軍失踪的事件。

我問：「馬將軍怎麼會失踪的呢？他又溜回東北去了嗎？」

張答：「這件事說來話長，原來，馬占山那次從黑龍江逃亡出來，已經心灰意冷，決心要擺脫軍旅生涯，所以當義勇軍大隊人馬進入俄國國境之後，他就化名叫『方志卿』，免得惹人注意，這件事除了我和韓立儒、郎官普等極少數幾個人知道以外，其餘的人是一概不知的。」

「馬占山和韓、郎兩位都是住在第一所集中營裡第七幢營房，某日突然間有一名蘇俄軍官帶著十幾名士兵，跑進第一所集中營，指名指姓把方志卿逮捕去了。事情過了好幾天，我還不曾知曉，有一天我到第七幢營房去視察時，韓立儒才愁眉苦臉的把馬占山將軍被俄軍逮捕去的消息告訴給我。」

「我聽到這個消息，自然非常詫異，立即追問韓是被那一部份俄軍捕去？韓當時也說不清楚，只是模糊記得，帶隊的俄國軍官階級好像是中尉。我根據這個線索，馬上去問米哈伊洛夫，米也回答並不知道有這回事。但我暗忖紅軍派在這裡的聯絡官，祇有兩個人是中尉階級，遂又把這兩位中尉找來查問。果然其中有一位承認是他經手幹的這件事。我問他：『你應該知道我是義勇軍的總負責人，你來逮捕人時，為什麼不事前向我連絡一下呢？』中尉答：『我是奉到少將的命令，作緊急處置的。』我問：『為了什麼事，這樣緊急？』中尉答：『有人報告少將，說有一個名叫方志卿的人冒充你們的馬占山將軍。』」

「問到此處，我又跑去問米哈伊洛夫，不料米少將對此還是一口否認。我在不得已之下，只得再給加倫將軍通一次長途電話探問此事，在電話中，加倫將軍卻向我坦白承認此事是由他直接下的逮捕命令。我問『究竟為了什麼事呢？』加倫將軍答『很複雜！請你不要過問。』我當時真覺得奇怪，有什麼事這樣複雜呢？何況馬占山和我個人私交不壞，這件事怎能撒手不管？但在長途電話裡，我也不便多講，就掛斷了。」

乘坐爬犁去探馬占山

「經過我多方訪查，才知道此事的起因，是由於蘇炳文將軍與馬氏意見不合，彼此形同冰炭，蘇炳文欲拔出眼中釘，竟將馬化名方志卿的事，向加倫將軍暗中作了檢舉。他在檢舉的時候，不好講馬占山化名為方志卿，祇好說某處集中營裡面，有一名叫方志卿的人冒充馬占山，如此這般，所以才把事情搞得格外嚴重起來。」

「我摸清了內情後，遂又和加倫將軍通話，並且告訴他說：『我已經知道馬將軍被逮捕的理由，是有人報告他是假冒的，但這件事非常容易辦，只須由我見一見他，是真是假，豈非立刻就可見分曉嗎？你們把他秘密的拘留起來，與這件案子有什麼好處呢？』加倫將軍當時也認為我講的有理，同意由我去見馬占山的辦法。我在電話中又說：『既然你同意我的意見，請你立刻命令米哈伊洛夫少將將派人和我一同去見馬占山。』加倫答：『好的！請你就叫米少將來聽電話吧。』經過加倫將軍在電話中的交代，米少將就派原先逮捕馬氏的那名中尉陪著我去見馬。」

「西伯利亞一帶有一種交通工具，東北人把它叫做『爬犁』，那是一種用馬或用狗挽曳無輪車子，在雪地上滑走非常迅捷。中尉奉到命令後，就和我坐了一部由俄國人駕駛的『爬犁』，向馬占山被拘留的地點進發。爬犁滑行了很久時間，才遠遠的看到了一處山坡之上有一所小小的板房，中尉指著說：『你說的那位馬將軍就住在那間板房裡。』」

在木板房裡桃園結義

「不一會，即抵達那所板房，我跳下了爬犁，便朝板房裡走，剛一進屋，就看見馬占山將軍很傴促的坐在一個椅子上面，他正對著壁爐在烤火取暖。一看到我走了進來，立即迎上前來，拉著我的手，大放悲聲地哭個不住。我當時也很難過，因為我看到馬占山這麼一副狼狽形象，再想到他過去的那種英雄氣概，能不為之黯然！馬氏只是痛哭，並不說話，我卻忍不住地先問馬：『你知道為了什麼才被捕嗎？』馬答：『不知道。』我這時才又看到在牆角那邊還坐著另外一個中國人，他也隨著馬的哭聲，在那裡掩面啜泣。我很奇怪，便又問馬，『這位先生是誰？』馬答：『這位是薛大中先生，是工人組合派來的翻譯員。』我一聽，便明白了，此人一定是蘇軍總部利用工人組合名義派來監視馬占山的。不過，看到此人掩面啜泣的情形，可見他依然是一個溫情主義者。及至經過馬氏的詳細介紹，我才徹底瞭解了一切內情。」

「原來，當馬占山被捕之後，祇隨身攜帶了一個手提包，可是這手提包裡除了一百多萬美元現鈔外，別無其他，這是一個秘密，我當時還不知道，是以後才獲悉的。馬被送到這所小板房之後，薛大中已經先等在那裡。經薛自己說明，他是工人組合裡的幹事，這次被派到這裡來，是為的擔任翻譯，馬有什麼事，儘管對他講，用不著客氣和懷疑。馬占山是久闖江湖的人，他已知道薛就是監視他的人，如果不把薛連絡好，他是休想有脫險的一天。於是便坦白的告訴薛，他就是中國第一個抗日的馬占山將軍，希望薛好好的照應他。薛雖遠在外國，也是久聞馬占山的大名。現在知道眼前被他看管的人，就是他早已敬仰的祖國抗戰英雄，不覺肅然起敬，表示什麼都沒有問題。過了兩天，馬和薛混熟了，馬就對薛說：『兄弟！我們異地相逢，我對你非常的投緣，我打算和你結拜為異姓弟兄！不知道你心意如何？』薛是山東人，性情非常直爽，對於人世間的鬼蜮，可以說毫無所知。聽馬這樣一說，便信以為實，立刻裂開大嘴，笑嘻嘻的說：『那我怎麼敢高攀呢？』馬說：『怕什麼，四海之內，皆兄弟也。我這次出去之後，一定和你有福同享，有禍同當！』說過這些話之後，馬就認薛為弟，薛也認馬為兄，對他照應得非常週到，所以，他看見大哥痛哭了，他也不自禁地傷心啜泣。」

「馬占山和我一談開，接著就很興奮的把他和薛結拜的情形，對我說了一遍，最後還對我說：『咱們大家弟兄，在患難中聚到一起，太不容易了，希望你也加入，我們來一個桃園三結義，你看如何？』我這時雖再三的謙辭，馬占山卻是非拉我加入不可，於是三個人又重新結拜了一次。馬居長，我是二哥，薛是三弟。」

馬氏獲釋翻臉不認人

「我這時才告訴馬占山道：『大哥你這次被捕，是因為有人檢舉你是冒充的，這件事不難水落石出，請你在這裡暫時的委屈兩天，由三弟招呼你。等我去和加倫將軍辦交涉，我想很快就可以恢復自由的。』大家又閒談了一會，我便告辭而回。過了兩三天，我找到幾位軍政高級人員共同簽字證明馬氏絕非假冒，把這件文書交給了米哈伊洛夫請他轉陳給加倫將軍。又等了兩三天，加倫的批示回來了，他答應把馬占山予以省釋。」

「馬氏被釋的那天，是由我親自去把他接出來的。他的那個手提包也安然無恙的提了回來，可見姓薛的幫忙不小。馬回到集中營的第二天，各個集中營的人，都推舉出代表來向馬慰問，連蘇炳文也裝模作樣的趕來湊熱鬧，馬占山也只好敷衍一下。馬這個人雖然小小的個子，但說話的聲音卻特別洪亮，當他正在那裡和那些代表們講述他在被捕時的英雄事蹟時，不湊巧得很，薛大中也來看他了。薛是一個粗人，懂得什麼眉眼高低？他依仗他和馬結拜的關係，也不管有沒有旁人在場，對馬一口一個大哥，叫得怪親熱的，真料不到馬占山這時突然變卦，無意再認這位三弟，馬上翻臉，並叫副官譚海山把薛大中拉了出去。在大庭廣眾之下，薛受了這種侮辱，當然不甘忍受，於是便站在門外，高聲指著馬占山說：『好呀！你現在不認得我了，你記得在被捕的時候說過的那些話嗎？你不承認有我這個老弟，我還不承認有你這樣不仁不義的大哥呢？』我這時也在場，而且我還是『桃園結義』的老二，但這一經過旁人既不知道，我也不便再說，但我卻耽心薛大中在氣憤下鬧得太不像話，只好挺身出來，千說萬說的把薛勸服下來。薛走了之後，馬占山在那裡還不服氣，口口聲聲說薛是『瘋子』！『胡說八道』！」

「從這件事，我看穿了馬占山這個人！」

十二、盛世才在新疆忽左忽右之謎

筆者按：彭先生講完馬占山當年在俄境被扣的那段往事之後，話題又轉到東北義勇軍繞道俄國進入新疆的種種經過了。當時的新疆督辦盛世才、雖然野心勃勃，卻苦實力單薄，對於這數萬之眾的東北義勇軍從天而降，自表示歡迎之不暇。經與打前站的張大同將軍幾度洽商後，並指定義勇軍先集中於塔子城，作為雙方面移交的地點。

張大同隨乃匆匆離開迪化，飛返俄境，開始其運輸計畫，結果係分批用火車將歸國團官兵及平民等陸續運抵塔子城，再移交與新疆當局。

收編義勇軍聲勢頓增

彭先生說，新疆督辦盛世才派出專人赴塔子城，把大批官兵和平民接收過去之後，在安置方面，分別採取了兩種不同的步驟：

第一步，是把義勇軍的軍官團和士兵集中在迪化附近，實行徒手訓練。

第二步，是把平民一萬六千多人，遣送回到內地。這批人回到內地時，固已有國可投，依然無家可歸，曾被收容在北平前圓恩寺和鑼鼓巷兩處，由北平慈善團體加以照應，度著難民生活。後來陝西省當局為了要開發黃龍山，需要大批人力，想到了他（她）們，才把這一大批人移到那裡，從事開發，做了最後的安排。

前面已經說過，東北義勇軍的進入新疆，完全是假道性質，其始並未打算在新疆久留，尤其是參加軍官團的人，差不多每個人都手中準備好了回國的旅費，人人都歸心似箭，可以說無人願意留在新疆。

盛世才當時深深地瞭解，如果要把這批人留下來，必須從軍官團方面下手。於是，他便每日輪流召見他們作個別的談話。請他們寫自傳、報履歷。後來，盛氏除了在軍官團中選出有正式軍事學校出身的人一二十名調到督辦公署服務以外，其餘的一千多人，因絕大多數都不肯接受他的命令，結果，都被他殺掉了！

義勇軍的第一旅旅長安子明，是比較有野心的人，最初他和盛世才相處得不錯，但到後來，因新疆局面漸趨安定，盛氏的力量亦臻雄厚，結果盛氏還是把他殺了。

除了軍官團以外，那些士兵則無所謂，在任何地方當兵都是一樣，所以一律被盛氏收容了過去。

自從哈密的馬仲英被盛氏擊潰，新疆城圍解除以後，盛就將從俄國方面接收過來的武器，把東北義勇軍有計畫地裝備起來。人數既眾，聲勢頓增，盛有了這一大筆本錢，自然今非昔比，為了要統一全疆，遂立即派兵南下，把哈密馬仲英所部的殘餘勢力，完全予以消滅。哈密王舊部堯樂博士，眼看馬仲英的大勢已去，於是也投到盛的懷抱，充任了哈密警備司令。

在這一段期間，我一直都在迪化督辦公署作客，經過短短幾個月的時間，新疆的情況一變再變，由群雄割據變為盛世才一人的天下，局面既告穩定，我亦認為不宜在邊疆久留，乃告知盛氏，說我馬上要返回南京。盛氏當時卻一再苦留，並曾向我表示，由他專任新疆邊防督辦的職務，要我擔任新疆省政府主席，彼此通力合作，搞好新疆，盛氏當時的表現，確是非常誠懇。

不要走「不得了」的路

我當時的遠赴新疆，原是奉命而往，何況南京中樞方面，蔣汪兩人之間的關係，又是那麼微妙，我確實無意捲入那種政治鬥爭的漩渦，乃再三的對盛世才表示不能留在新疆的苦衷，請他特別原諒。

盛氏至此，才知道無法挽留得住我的，特於我要離開新疆的前夕，召集新疆文武要員作陪，為我安排了一個盛大的餞別宴會。

在那次宴會席上，盛氏對我不無依依惜別之感，而且向參加餞別的人，公開演說，把我捧得高高地，並要大家向我敬酒，對新疆局勢的由混亂趨於安定，向我表示誠摯的謝意。盛氏當時的熱忱，並非做作，實出一片真誠，所以我在餞別席上，也很為之感動，為了表達謝意，我曾經當場發表了一篇「臨別贈言」，今天回憶起來，我還依稀記得，其大意謂：

「當初太平天國的翼王石達開，是一位文武兼資的名將，他們於攻下南京之後，天王洪秀全特賜贈了他一座閎敞的府第。當這座府第修建完成時，石達開親筆寫了一副聯語，懸於外門之外。上聯寫的是：『了不得』；下聯寫的是：『不得了』！參與賀禮的人問他：這副聯語是什麼意思？他說：弟兄們輔佐天王，扶漢滅滿，恢復了河山，建立起了新中華，以奠定百年不朽的基業，那麼，我們所做的事便是：『了不得』！假如我們在事業尚未穩固以前，便不爭氣的爭權奪利，爾虞我詐，以致後來死無葬身之地，便是：『不得了』！」

「新疆的地理形勢，是北俄南英，介乎兩大之間，對內地的交通，又極為不便，中央目前的政策，是一面進行勦匪，一面準備對外。我認為盛督辦如果能夠穩定新疆，使中央無西顧之憂，這便是：『了不得』！如果是做不到這一步，使中央增加了困擾，或者是使新疆倒在某一個外國的懷抱（暗示蘇俄），給國家留下了千年萬世的後患，那便是：『不得了』！」

這時，宴會席上的氣氛，突呈嚴肅，似乎參加宴會的人，都很感動，盛世才此時也是凝神不語，傾耳細聽。我的話匣既已打開，也有些欲罷不能，遂又接下去說：

「盛督辦是我的老朋友，他的學問和見解，是我一向所敬佩的。凡是我能夠看到的地方，他一定比我還看得更遠更清楚，我現在非常懇切的向他祝福，當我離開新疆之後，要走『了不得』的路，不要走『不得了』的路！」

我那次所發表的臨別贈言，並非是無的放矢，原是有感而發！因為我那時已感到在新疆現實的情形下，盛世才很容易走向蘇俄的懷抱。

乃弟和弟婦包圍著他

果然，於我回到南京後不久，新疆方面的局面便發生急劇的轉變。因為盛氏的弟弟和他弟婦邱玉芳，都是著名的共產黨徒，他倆成天包圍在盛氏的左右，終於弄到盛氏踏上歧路，將自己陷於政治苦惱的深淵而不克自拔，一度對於和中樞有關係的人員，不惜大開殺戒，在迪化城中，只要聽到門外有汽車喇叭聲，跑進屋來的人，道一聲「督辦有請」，那你就可能一去無下落了。

共產黨徒的信條是：「不是同志，便是敵人。」雖親如父子也無例外，何況是兄弟手足。盛氏的老弟和弟婦對盛氏亦正如此。惟盛世才這個人，才雄心壯，權力慾望相當重，為了滿足慾望，不惜百般遷就。等到他發覺蘇俄並不是真心幫助他時，他也就處處提高警覺，找尋機會，圖謀轉變。

儘管這時盛世才的內心已經對共產黨的合作存有反感，但他的老弟和弟婦係奉到組織使命企圖把整個新疆赤化的人，他們在俄共的指導之下，公然大量推出共黨的那一套玩意，使人人為之側目，但既有「二大人——盛督辦的弟弟」在背後撐腰，誰又敢對它加以反對呢！

那時因為盛氏的老弟是督辦公署的外事處處長，他自然向蘇俄老大哥接觸的機會多，在盛氏需要蘇俄的支持下，盛氏本人也只得忍氣吞聲，盡量包容。至於盛的弟婦邱玉芳，她那時在迪化擔任一個中學校長的名義，所以很方便的在社會上散佈共產黨的「進步思想」。所謂「清算」、「鬥爭」等玩意，在新疆境內一度鬧得滿城風雨，烏煙瘴氣，雖然只是地區性的，局部性的，但已經搞得新疆境內人心惶恐，雞犬不寧！

盛世才是一個富有機智的人，在時機未告成熟以前，他除了加強戒備外，還是採取隱忍的態度。過了一段時間，因為德國的希特勒在東線突然發動對蘇俄老大哥的攻勢。在德國軍隊的瘋狂進攻下，俄共軍隊業已潰不成軍。除了敗退到史大林格勒的戰線上去以外，俄共的紅軍曾有超過二百萬的數字，向德軍集體投降。

光怪陸離的鬥爭口號

這種消息傳到新疆後，盛世才在表面上依然沈靜觀變，但盛的老弟和弟婦卻為了配合「同志們的政治警覺」，和渡過「革命中的低潮」，又在新疆推行了一種「訴苦會」的運動。

所謂「訴苦會」會場的佈置，像靈堂一樣，一走進去便使人有陰風慘慘、涼氣迫人之感。牆上貼滿標語，都是充滿了刺激性和爆炸性的語句。

「訴苦會」開始的時候，組織裡培植好了的訴苦人員，便輪次爬上了訴苦台，大哭大喊罵地主、罵反動派，這個說他的田地被地主佔了，那個又說他的女兒被反動派強姦了。至於有沒有這回事，反正沒有人去追問，這個人訴完了，那個人再來訴，到後來沒有苦的人也上台去訴，以表示他是被壓迫的無產階級。

苦訴完了，接著是台下人的一片同情、一片嘆息，和一片哭叫之聲，人人都裝成像滿腹含寃似的！接著，便有人大叫：

「向地主和反動派討還血債。」

「剝他的皮，抽他的筋。」

「…………」

最後總結是：被剝削的人團結起來，把革命進行到底。

就在這段時期，在新疆各地被左派殺害的所謂「地主」和「反動派」，已經盈千累萬，實在鬧得太不成體統了。那時新疆雖未赤化，但在盛世才弟弟的倡導下，已經在思想方面有了如左的強調：

一、一切的理論，必須與事實結合。

二、一切的事實，必須與個人結合。

三、一切的理論、事實、個人、必須與思想結合，必須與階級結合，否則就不會有正確的作風產生，就是一種「邪風」、「壞風」、「老太婆作風」、「小資產階級作風」、「買辦階級作風」、「僱傭作風」、「沒有立場的作風」、「沒有階級觀念的作風」、「反革命的作風」等等。

凡是認為犯了以上錯誤的人，必須「整」！必須「殺」！

在思想翻新方面，有任何不利於共產黨的地方，都預備有一種適合於你的「帽子」，隨時可以加在你的頭上。共產黨的一套東西，盛的弟弟可謂得風氣之先，早就搬到新疆去試行，光怪陸離，無奇不有，似乎較中共以後所搞得更新鮮、更有「趣」，那時在新疆境內常用的句子計有：

英雄主義的「自高自傲」。

風頭主義的「自我標榜」。

山頭主義的「獨霸一方」。

宗派主義的「搞小圈子」。
拉夫主義的「亂七八糟」。
事務主義的「瑣瑣碎碎」。
右傾主義的「迂闊保守」。
左傾主義的「激動暴燥」。
孤立主義的「脫離群眾」。
槍桿主義的「專憑武力」。
教條主義的「不務實際」。
主觀主義的「個人成見」。
客觀主義的「脫離原則」。
旁觀主義的「隔岸觀火」。
樂觀主義的「忽視研究」。
悲觀主義的「失敗思想」。

由此可見，「主義」之多罪名之奇，實不勝枚舉，如欲向任何人扣上一項「帽子」，儘可隨意運用，無不合適。以上種種致人於罪的口號，大半都是盛世才自己所犯過的毛病。

盛世才覺醒大義滅親

這時我早已由新疆返回南京了，對於新疆事件，這時多說無用，空談無益，所以祇好暫時採取不聞不問的「主義」。但有些朋友，知道新疆殺人之多，卻嘲笑我說：「盛世才是你一力支持起來的，現在新疆弄到這樣混亂的局面，我雖不殺伯仁，伯仁由我而死，你也不能辭其咎吧！」我對於這類譏嘲，只好默然。

此時最高當局的蔣先生，由於抗戰期間大局漸趨穩定，也逐漸對新疆加以重視。原已決定借重馬占山的關係（因為留在新疆的東北義勇軍多屬馬氏舊部），派馬氏到新疆去收拾這一危局。

當時在蔣先生的督促和張大同將軍的協助之下，馬占山對於新疆未來的安排，曾擬出一個極為妥善的計畫。正當馬氏整裝待發，和由中央明令發表之際，盛世才適於此時突有一封密電給我，電內表示，他為了國家，決心大義滅親，扭轉新疆的混亂局面，請我立即面見蔣先生，轉達他效忠領袖的誠意。

我接到這封密電，知道盛世才已經有了徹底的覺悟，自然也非常興奮，便馬上帶著這封電報去晉謁蔣先生。

蔣先生為了遷就現實的環境，也覺得由盛世才自行修正他眼前的左傾態度，要比派馬占山去收拾新疆局面為佳，所以立表同意，要盛世才好好去做，因此，就把馬占山接長新疆的命令擱淺下來。

此後，盛世才果不負中央所望，在接到中央寬恕他的示意後，立施鐵腕，對新疆的左派人士立即大開殺戒，包括他的弟弟和弟婦邱玉芳在內，無一倖免。

據人們後來的統計，此次被盛殺戮的，共達萬人以上，尤其是他的弟弟和弟婦死得最慘！當時有人對盛的批評，說他是公而忘私；也有人說他是殺人魔王。一直到政府播遷台灣之後，仍未得一正確的結論。

十三、銳意除三害、十年長安居

筆者按：民國廿三年春夏之交，邵力子調任陝西省政府主席，時陳果夫則出主江蘇省政，不久彭先生因新疆之行任務完畢，亦已返回南京。

陳果夫獲知彭氏回京後，立即邀其擔任江蘇省南通區行政督察專員兼保安司令。南通鄰近首都，是一個工業集中地，在建設方面可做之事甚多，故彭氏對於陳果老的邀請，不加考慮便一口承應下來。不料正當彭氏準備走馬上任之際，某日忽接蔣先生來電，著即前赴陝西襄贊邵力子主席，出任民政廳長。當時雖經陳果老向蔣先生力爭，結果無效，彭氏至此，唯有再次打道西北，作長安不易之居。以下皆為彭氏口述在陝西從政時之種種經過。

土匪、鴉片與高利貸

彭先生說：我自從那年到了西安就任民政廳長後，想不到一任廳長竟幹了十年之久。其間先後換過六位省主席，而我的職務，始終未變。邵力子主席去後，換了孫蔚如，孫氏幹了一段時間，又換顧祝同，顧調走後，再換蔣鼎文，蔣鼎文不幹了，又換熊斌，熊斌走後，再換祝紹周，祝氏到任後，我才離開。

民國廿四年間，中央為了追勦在陝北一帶的殘餘共黨，在西安成立「西北勦匪總司令部」，蔣先生遙領總司令，而由張學良將軍以副座名義駐陝負實際責任。一直到後來「西安事變」爆發，我這個民政廳長因被視為中央方面的人，曾一度失去自由，受到楊虎城短期的「優待」。

我初到陝西赴任時，陝省還是土匪遍地，毫無治安之可言，入夜以後，即將西安城門緊閉，城內城外形成兩個天地，土匪居然可以在城外列隊大搖大擺地通過，毫無顧忌。守城官兵對此也見怪不怪，兩不相犯，一切聽其自然，可謂咄咄怪事！

除了匪患以外，彼時陝西全境尚准公開種植鴉片。至於吸食和販賣，亦皆公開為之，即以省會所在地的西安市內而言，大街小巷，烟館林立，隨處皆可聞到烟香，而全省吸毒人數之多，已達到驚人的比例，癮君子是到處可見。

因為匪患猖獗，烟毒深入，農村經濟，飽受摧殘，於是，在農村方面，又廣泛地流行著「高利貸」，貧困農民在走投無路之下，多不惜挖肉補瘡，承擔高利，轉瞬間利上加利，還不勝還，結果是永遠不能翻身。

邵主席眼看如此情形，惟有搖頭嘆息，而我身為民政廳長，勢不能袖手旁觀，抵任不久，我便在省府會議席上提出了「除三害」的口號，所謂「除三害」，便是準備從「肅清土匪」、「禁絕鴉片」、「限制高利貸」三方面入手。

經過一番統計，那時嘯聚在陝西境內的土匪，一共計有四十九股之多！最大的一股，匪首名叫王三春，擁有徒眾達兩萬餘人。其次較小股的，或幾千人，最小的也擁有幾百人，出沒無常，到處為患！

按步驟整理地方團隊

陝省的土匪，何以會猖狂到如此地步呢？如找不出其癥結所在，則土匪永無肅清之一日。原來，那時陝省各縣的組織，每縣都有一個保安大隊，在名義上雖由縣長兼任大隊長，但其實際權力，卻操在大隊附之手。彼時的「西安綏靖主任」楊虎城大權在握，對於中央則一直陽奉陰違，楊氏為了擴展他的武力，所以對於各縣保安團隊的大隊附及幹部，完全由他的第十七路軍派員充任。而這些幹部，大都是不學無術、飛揚跋扈的軍官，或與當地土匪有著鄉土關係，或在暗中與土匪保持著往來。如此這般，各縣的保安團隊，和各地的土匪根本就是一回事，甚至白天是官兵，黑夜為土匪者，竟亦有之。故欲肅清匪患，必須從整理地方團隊入手，省府幾經商討，終於確定了整理地方團隊的方案，計分為下列四項步驟：

第一步：將各縣地方團隊，集中整編，一共編為十個保安團，劃歸省保安處直接指揮，薪餉亦由省府籌撥。此一處置，是使已在地方上生根的保安團隊，藉此調離老窩，根除官匪勾結的憑藉。全省一百零一縣，即以此十個保安團兵力分配使用。

第二步：地方保安團隊改編就緒之後，跟即推行「以軍為中心，以團隊為輔助」的剿匪計畫，一方面呈請中央派遣一個軍的精銳部隊（當時是由謝輔仁軍長為剿匪指揮官），進行追剿。

第三步：每縣的治安，除由當地的警察擔任主要警備工作外，凡保安團隊均須參加圍剿工作。對大股的土匪則動用正規軍力量，對零星散匪使用地方武力。

第四步：為正本清源計，陝省特請准中央，在陝境成立若干屯墾區，用以分別安插那些被淘汰編遣的老弱殘兵，以及從各地逃亡而來的難民。在我的記憶中，陝西最著名的一個屯墾區，首推陝西黃龍山的屯墾局，凡是參加屯墾區工作的人（包括被編遣官兵和難民），皆由政府供給住屋、耕牛和種籽。使人人皆得日出而作，日入而息，過著安謐寧靜的生活。

這項肅清匪患的工作，經過一整年的時間，果然大奏膚功。

楊虎城贊成禁　政策

其次說到禁烟，任人皆知，陝西關中一帶為沃野之地，向以出產富饒著稱。但當我到任之初，全省的食糧卻不夠用，此因種植鴉片者利益優厚，農民只知牟利，罔顧其他，所以較好田地，都種植了鴉片烟土。對於糧食生產，反而無人關心！或問：陝省為何可以公開種植鴉片呢？答案是：因為楊虎城所統率的第十七路軍，其薪餉多靠種植鴉片抽稅之所得。既不禁種，當然不能禁吸，此所以弄得全省人民，幾乎大半都抽上了鴉片癮。不久之後，雖然張學良的軍隊開入了陝西，但由於他們是處在客軍的地位，對於這種怪現象，一時也無法加以禁止。當時的第十七路軍，既靠著鴉片稅及烟畝罰款為主要收入，其他都變成次要問題了。軍糧方面，除了由中央補助一部份外，尚缺欠的不少，楊虎城雖然明白，也管不了許多，如果是平常的日子，還無什麼太大問題，一旦遇到荒年欠收，就會有餓死人的情事。

我當時覺得為了挽救這一危機，唯有積極禁止種植鴉片之一法。迨至禁烟辦法確定，並獲得中央的允許後，我曾去見楊虎城，和他商量執行禁種禁吸的詳細辦法。

對於此舉，楊虎城先向我乾脆地說道：「只要本軍薪餉另有著落，對於本省推行禁烟政策，我是絕對的贊成。」

我答道：「貴軍的薪餉，中央已有統籌，同時再由省府負責向中央申述困難，絕不使之有拖欠短發情事。」

楊答：「這好極了，就這麼辦。」那次我並向楊氏提出詳細禁烟計畫，計共分為下列三個步驟：

第一步是禁種；

第二步是禁吸；

第三步是禁賣。

在右列三項步驟中；禁種和禁賣，都比較容易生效。惟有禁吸一項；則比較困難。因為那時陝西全省吸鴉片的人數太多，即以民政廳內的職工人員而言，便有多半人有癮，所以，我們所確定禁吸的步驟，是先從公務員入手，而後再及於平民。為了厲行禁政，特先後成立了若干禁烟院，同時還發售一種戒烟丸。第一步是戒；第二步是驗；第三步是罰。在有計畫地嚴厲執行禁政後，前後經過三年多時間，據省府統計，陝西的癮君子亦所剩無幾了。

釜底抽薪掃除高利貸

最後說到高利貸，當時陝省農民如在春天向放債者借用了三元五元錢，到了秋收後還糧時，竟高達幾倍，連本帶利須還十餘元始能了清債項。這分明是一杯毒藥，但貧農為了需要問題，在青黃不接之時，亦不得不飲鴆止渴。

我當時曾認定，要想替農民解決這項痛苦，絕非硬性禁止放高利貸所能奏功。必須作釜底抽薪之謀，替他們作根本的打算。當時陝省土匪到處為患，實與農民的一窮二白有著相因相成的連帶關係，農民越窮越借債，債越多越不能翻身，到最後走投無路時，除了入夥當土匪之外，已無第二條路。

對於這一問題的解決，是首先經省府呈准中央，向農民銀行接洽，由中央撥出一筆款來，在陝省農村普遍舉辦農貸，同時，並在全省各地一共設立了一萬五千餘所「農貸合作社」以舉辦農貸款事項。為便於農民的借貸，完全採用信用借款方式，每宗貸款額限定在二十元以下，利息為週息七厘，用以做為辦事人員的開支。自從此項辦法實施後，高利貸這一災害，亦告不禁自絕矣。

十四、我出任內政部長那一階段

筆者按：據彭昭賢氏回憶，他在陝西省任民政廳長的十年悠長歲月中，若談到各種建樹，主要是在蔣鼎文將軍兼任省主席在內。因為蔣這個人雍容儒雅，確具大將風度，當時蔣氏對於陝省行政，完全交付給彭全權處理，如無特殊事故發生，他從不過問。如遇到難以解決的大問題，他也從不逃避責任。是以彭氏對於一切的事都能放手幹去。

英美對延安頻送秋波

到了抗戰後期，我（彭氏自稱）覺得一連在陝省幹了十年民政廳長（中間一度轉任秘書長）也應該休息一下了，遂在祝紹周氏調任陝省主席之後，我趁著那次向最高當局述職的機會，到了重慶，於謁見蔣先生時，當面提出了辭職的請求。雖蒙加以慰留，由於我的辭意堅決，蔣先生終於俯如所請，改派蔣堅忍氏接替我的職務。正當交接之際，中央又發表明令，調我出任內政部政務次長，並兼任中央黨部副組織部長（組織部長為陳立夫氏，因公務繁忙，不克到職）。彼時我因心情不佳，極欲休息，新命雖已發表，對兩處的職務，均未到部視事。

我奉調赴渝供職不久，在這一階段裡的政黨政治，可謂搞得十分微妙，其中英美人士在我國還表演過許多秘密的政治喜劇——如：史迪威從華萊士來華後，對陝北中共所秘密組織的調查團，到延安去進行調查，其中重要團員有約翰戴維斯、傑克基維斯等。又如：英人林邁可為延安建立的與印度通報電台等——我們中國人登場的人物也有很多，除了政府當局外，如張瀾、梁漱溟，乃至胡適之等皆曾牽涉在內。

此時在表面上，國共雖然合作，但中共卻始終站在蘇俄的一面。所以當德國替日本拉攏蘇俄的時候，周恩來即在重慶《新華日報》寫長篇星期論文，力斥英美法與德義日的戰爭，為帝國主義的混戰。主張中國的民族解放戰爭，應與之分開。也是天報應，不久之後希特勒低估了蘇俄實力，認為對蘇戰爭可以兩週結束，最多亦毋需四個禮拜。直到莫斯科電台叫出了「與民主集團併肩作戰，並與英美聯盟」以後，中共才裝模作樣地與國府比較有商量。因為這樣，遂使英美親共份子有了藉口，力主裝備中共，爭取與中共的合作。為了這件事，我當時曾奉命在《中央日報》著論，大大的駁斥了他們一次，而被中共視為眼中釘和肉中刺！

《掃蕩報》改名仍遭諷刺

再過不久，日本已接受了菠茨坦宣言，宣佈無條件投降。在大家都忙於勝利復員之際，我一直認為國共問題的棘手，國事前途，滿佈荊榛。在這段期間，蔣先生曾一度徵求我的意見，要我出任新疆省主席，後來因某種原因，終未成行。

迨國府復員工作告一段落，大家都已返回南京，為了協商國事，特在南京召開由各黨各派及社會賢達參加的「政治協商會議」。張治中因為「祈求和平」之心太切，在政協開會後，立主把《掃蕩報》改名為《和平日報》。毛澤東對於《掃蕩報》改名事，在延安曾經諷刺國府說：「國府並無意和平，有之只是把《掃蕩報》改為《和平報》。」平心而論，「政協」會議之沒有效果，純由於中共作梗多端，有以致之。而且我們確知，當日中共中央對他們的出席「政協」代表有一密令，那是「不與國民黨在會議中解決任何問題」。今日舊事重提，徒亂人意而已！

《掃蕩報》改名《和平日報》之後，在言論上卻反而無法和平得來，在勢不能不與《新華日報》針鋒相對，原因之一是：《掃蕩報》改名之初，在第一版的報頭之下，刊有「原名掃蕩報」五個細字，此本為報紙改名之慣例，乃不意《新華日報》即根據此點加以攻擊，它說：「和平之下，暗藏掃蕩。」

王芸生成為天之驕子

新聞界的朋友們眼光是敏銳的，我雖已從政多年，但一直仍與新聞界朋友保持著很好的關係。那時在南京上海的許多家報紙中，我除了不時奉命在《中央日報》和《掃蕩報》寫專論外，在其他幾家大報上，間或也有一兩篇論文出現。彼時的《大公報》態度比較自由，可以隨便批評時政、諷刺政府，也沒有人加以干涉。當時最奇怪的情形是：《大公報》越「反動」，政府對它越重視。自張季鸞去世，吳鼎昌做了官，胡政之卻似官非官、似記者又非記者，他又深居簡出，不大過問外事。其中只有王芸生風頭十足，每有政治性的新聞界聚會，王氏總是高座堂皇，顧盼自豪。政府中首長一到，照例先請「芸生先生發表高見」。但王心裡有數，他原早有準備要靠攏的。政府中人越捧他，中共對他出價也就越高。由是中國之大，好像只有「王芸生的發言權最高」。凡是談政治的人也必看《大公報》，這已成了當時一定的公式。如謂政府對報界有所扶助的話，則《大公報》可謂所得獨厚了！

當時這種情形，我向蔣先生和陳立夫氏都曾提起，但所得的反應並不強烈。此後，我於這一方面的事，也只好三緘其口了。

情報工作撥歸內政部

當國府行憲前夕，有一天晚間在蔣銘三（鼎文）將軍府上參加一個小小的宴會，回家時已至深夜，據家人告我，李惟果先生曾經來訪，因我不在，留下一封短箋而去。我隨手拆開信封一看，只見短箋上面寫著：

「君頤兄：奉極峯面諭，已在行政會議上提請兄為行憲後首任內政部長，囑面告吾兄，千萬不可推辭……」等語。

我看罷這封短箋，只笑了笑就擱在寫字枱上。這時我的內人卻忍不住的問我；「李惟果匆匆忙忙留下的信，究竟說些什麼？」

我笑了笑說：「你拿去看好了。」

內人看了這封短箋後，也微笑沉吟，隔了半響卻淡淡的對我說：「如果實現的話，恐怕你又沒有幾天清福好享了！」

我說：「但願這是一件誤傳的事。」

一宿晚景無話，到了翌晨八時，《中央日報》送來，在第一版新聞上赫然登載有翁文灝奉命組閣，並有我出任內政部長的消息。

八時三十分左右，我便接到侍從室的電話，說本日上午十時蔣先生在官邸請我談話。我放下電話後，接著便是平日幾位要好的朋友，如蔣銘三、王德溥、李惟果、陳雪屏諸氏，都紛紛來向我致賀。

我於十時趕往晉見蔣先生，在談話時，蔣氏除了對我慰勉一番外，還再三的囑示：今後國內所有的情報工作，都將撥歸內政部主持和管理。

我當時略帶詫異地請示道：「總統把這個重責交給內政部，是要內政部在實際方面負起責任來，還是只負名義上的承轉之責？」

蔣先生答：「過去的情報工作，自從雨農（戴笠字）死後，成績很差，我交給內政部的意思，是希望你替我整理整理，自然要你負起實際責任來。」

這次晉見，只作簡短的談話，我即辭出，接著就是新閣登場、新官到任那一套官樣文章，在這裡恕不瑣敘。我自從負起這個重責之後，在工作整理中，曾發現了過去的情報工作至少犯有下列幾種毛病：

第一、情報工作，對內重於對外，有本末倒置之嫌犯！譬如每個軍政官員的日常生活，竟亦列為情報人員蒐集資料的對象。這實在大可不必。

第二、同一情報，經常會接到多方面的報告，而且在內容方面，大有出入。使接受報告的人，無所適從，不知何者為正確？

第三、在組織方面疊床加屋，對於人力物力，均有無限的消耗和浪費。

對於上述弊端，我在那一時期，曾大刀闊斧地力加矯正，並曾草擬了一份整理方案，呈交蔣先生予以批准報行。

宣鐵吾慨述上海罪惡

有一次，我因事由京赴滬公幹，上海的警備司令宣鐵吾一見我的面，便非常感慨地向我說：「上海這個地方真是罪惡都市，自從我就任警備司令以來，我就感覺到：天下的都市當以上海為最亂。」

宣氏原是蔣先生的親信，早在北伐期間便和我很談得來，所以他一見我就大發牢騷！

我卻笑著答道：「以你的才幹和淵源，如果還維持不了上海的秩序，旁人更無辦法了。上海是中外觀瞻所繫，希望你好好的幹，千萬不能洩氣。」

宣說：「在上海七百萬人口中，頂多只有一百萬人有正當職業，其餘六百萬人除開婦女和小孩外，人人都是天天亂動腦筋，時時刻刻打算混水摸魚！至少這些人需要倚靠擾亂社會來維持生存。如此這般，上海市面哪有不亂之理！」

我頗感詫異的問道：「真有這麼嚴重？那麼真要靠你用鐵腕來加以處理了！」

宣說：「事情很難說，譬如警備司令部的經濟檢查科科長張亞明，原是一個精明強幹的青年，我才派他擔任了這個職務。誰知他在上海市場動盪的時機，自己就大動腦筋。上海證券市場原是一個在金融上投機搗亂的場合，在前幾個月還比較風平浪靜，那時只要張科長一到證券市場，證券行情即可穩定，而且多數會下跌，迨至大家瞭解這種情形時，便一致注意張科長一到，市場立即發生騷動，股票也就先行下降。如此一來，張的出現，竟為市場的投機對象。人究竟不是聖人，誰不愛錢？日子長了就有人向張動腦筋、獻密計，張敵不住社會的誘惑，居然利用自己的行動加入了投機買賣。不多日子，張的環境大變了，原有的黃臉婆也變成了非離婚不可的怨偶！詎知好景不常，經過若干時日，張的法寶已經不靈，就是他把手槍放在證券市場的櫃台上，證券的價格還是要直線上升。於是，這個青年有為的科長，便不顧一切，向那些證券商人直接宣戰，要他們把他賠的錢拿了出來，商人們認為數字太大，哪肯答應。最後終於告到了我的手上。我經過詳細調查後，為整個上海著想，唯有忍痛把張槍斃了！你說，好好一個青年如此犧牲，這是誰的罪惡？」

我聽他說出這一段經過，也只有搖頭嘆息，無話可說。

十五、從傅作義投共說到蔣去李來

筆者按：自一九四九年秋末冬初，國軍失守錦州，共軍大部又回竄圍攻瀋陽之後，東北全局瞬告瓦解，林彪所統馭的「四野」主力即開入山海關內，先攻陷了唐山，隨分向天津和北平進軍。天津在國軍林偉儔和陳長捷兩部抵抗下，苦戰三日即淪入敵手，林、陳兩將和當時的天津市長杜建時皆同時被俘。至於北平，則在傅作義的導演之下，使共軍不傷一卒、不折一矢，實現了中國內戰史中從未有過的「局部和平」！彭昭賢氏對於傅作義的這一轉變，和筆者談述頗詳，其中若干經過，有為外間所不及知者，茲特據實筆錄而出，以告讀者。以下文字即彭氏所口述的往事。

上中下三策偏行下策

論者謂當華北戰局吃緊之際，傅作義的作戰方策，本來有上中下三策可以採用，但因傅氏別有用心，他卻用了困守北平的下策！我（彭氏自稱，以下同）因與傅氏具有多年的關係，當時曾派人持專函向傅氏提出勸告，惟傅既已確定了向共方靠攏的決心，除了對我一片敷衍外，在行動上未有任何表現。茲將所謂上中下三策，分述如下：

所謂上策是放棄平津，退守西北，以便與寧夏、青海、新疆打成一片，以符合國軍所確定的「C字防線」。（此一防線包括有廣東、廣西、貴州、四川、雲南、西康、西藏、新疆、青海、寧夏、綏遠、察哈爾等省。）

中策是放棄北平，退守津沽一帶，以海上運輸為國軍補給線。即俗語所謂之「背水陣」。如至萬不得已時，尚可在國軍海空軍掩護下由海上撤退，替國家保持最後一部實力。

下策便是困守北平，坐以待斃了！人們早已看出，傅氏如果真想死守北平，對於北平北面的古北口（即宋哲元大刀隊殲滅日軍的地點），和北平東面的通州，以及北平西面的南口等戰略要地，無論如何都不能放棄的。但傅在兵力力的調動上一開始就把這些地方隨便放棄了。藉口是集中兵力，實際是要把駐在華北的中央軍置於他掌握之中，以便作為他向共軍靠攏的資本。

欲保衛北平，而放棄古北口、通州和南口，已屬奇聞！等到傅氏後來又下令放棄南苑、西苑、頤和園和三貝子花園等，將全部兵力都龜縮於北平城內，讓共軍把國軍團團圍困於孤城之中，使共方頭子周恩來、林彪將頤和園做為司令部，人們此時更知道傅的用心所在，對於北方大局已不再存任何幻想了。

平津濟南徐蚌全完了

我和傅氏的長期交往中（我在陝西，傅在綏遠），深知傅的為人頗有小聰明，並無大智慧，所以才會在重要關頭，失了把握。傅氏的決心投共，據我所知，至少有下列三項因素：

第一、傅氏崛起於軍閥時代，在他的腦筋中，唯一信念是保存實力，他以為有了力量什麼都可以談，沒有力量一切都是空的。所以他當時曾高喊著「存在就是真理」這句口號。

第二、傅氏的現實理論，是承襲閻錫山先生的一套法寶，對於共產黨的若干理論，也有些一知半解，再加上他自己的觀點，他早已認為他自己這一套，和共黨有很多近似之處。因此使他產生了一種錯覺，以為能向共方立功之後，縱然在不平等條件之下，苟全絕無問題。

第三、傅氏根本就是一個投機動搖份子，在國府戡亂初期，他在蔣先生面前表現得比任何人都積極，到了戰勢逆轉以後，他雖擁兵數十萬，卻比任何人都消極！

平津一失，山東之戰也起變化，因吳化文叛變而濟南失守，王耀武於喬裝逃亡中亦被俘。

接著，徐蚌會戰正式揭幕，這是歷史上「淝水之戰」的重演，可惜所有的將領，除了蔣先生自己外，誰都不具備謝安那樣的信心，黃伯韜自戕後，邱清泉兵團的機械化部隊因缺乏機動力，也只好擺在那裡和共軍進行陣地戰。等到共軍在外圍將圍困國軍的戰壕一道又一道的掘成之後，便註定了全軍覆沒的命運！

一次無氣無力的座談

前方的情形既然如此，後方的氣也就洩盡了！有一次蔣先生召集張治中、邵力子、程潛、張群、何應欽和我，舉行時局座談會。

張治中當席推斷：徐蚌會戰無望。

邵力子亦力言不可戰的大篇道理。和張的論調極為近似。

程潛則表示：能戰方能和，如不能戰，求和也無用。

我說：與共黨絕無和平的可能，所謂和平，就是投降！

蔣先生在結論中說：革命的失敗，不是根本的失敗，我們要在挫敗中堅強起來。

邵力子插言說：我們過去是軍民合作，今天是人民願意和平啊。

蔣先生又表示：這要看政府是否為和平與正義而戰。

至此，大家默然，這場座談會便這樣無氣無力、毫無結論地草草結束。那時的悲觀氣氛，不但籠罩了全國，就連蔣先生的親信和國府大員，也不例外，戴季陶和陳布雷的仰藥自殺，可為明證。

共方看到了這種情勢，又立即展開兩大功勢：一是號召「局部和平」；二是發表「戰犯」名單。在「局部和平」號召中，極力分化國府內部的團結，號召軍人們「陣前起義」，說是可以「既往不咎，立功有賞。」在戰犯名單中，他們把目標指向蔣先生等少數人身上。在國共和談時，共方小題大做，居然反對我出任和談代表。這些，好像是告訴人們，除了極少數的人以外，其餘的人都可置身事外，不成問題。

據我當時所知，在許多同僚好友中，有人以為自己不在共黨發表的戰犯名單之內，而竊竊自喜！並不惜鑽隙覓縫的作靠攏紅朝的打算！「識時務者為俊傑」這句古諺，在這段混沌日子裡，竟成為最時髦的一句口號！

解人民倒懸蔣氏引退

此時中共的宣傳攻勢，目標越發縮小，直指向蔣先生一人身上。中共揚言：「國共原屬一家，阻礙國共合作的只是蔣某一人，如果蔣下野，什麼問題都有商量的餘地。」此刻在整個社會上，便出現了以下三種人物：

一種人是悲觀消極份子：他們對國民黨無好感，對共產黨也無認識，但惑於共產黨的宣傳，認為這是中國歷代的改朝換代之爭，在心理方面，既不歡迎，也不恐懼。並且下意識的覺得，叫共黨來試試，也未嘗不可。這是屬於「人心思變」派的消極亡國論。

又一種人物是積極份子：他們之中，包括了一向對國民黨不滿，和與共產黨早已保有勾結的統戰份子在內。

另一派人物則是當時所出現的和平掮客，是一鑽入共黨圈套而不自覺的糊塗蟲！

蔣先生於一九四九年一月廿一日終於宣佈下野了，曾記得他在下野文告中，有下列的沉痛句子：

「……和平之目的不能達到，人民之塗炭曷其有極，因決定身先引退，以期弭戰消兵，解人民倒懸於萬一！……」

解人民倒懸於萬一，這是何等沉痛的語意，不過蔣先生這個人是不甘承認失敗的，他這次的宣告引退，在表面上雖然做得冠冕堂皇，將一副千斤重擔交由李宗仁代總統負責與中共談和，但在暗地裡他還是指使一切，處處給李宗仁以「小鞋穿」！

李宗仁的算盤打不響

李宗仁於接任代總統之始，何嘗不想振作一番，希望在事實上有所表現：

李氏的第一個表現，是毅然決然派出「和平代表團」，到北平去向中共談和。在代表團名單中，中共除了把我列為不受歡迎人物予以否決外，其餘人員均如期去了北平。

第二個表現，是下令釋放政治犯，首先宣佈釋放的是張學良；第二個宣佈釋放的是馮玉祥的舊部，在海外被宣傳為「民主人士」，實際上是做中共間諜的余心清。

第三個表現，是企圖接收軍事指揮權，內定由白崇禧將軍出任參謀總長，這件事李在事前並託由吳鼎昌氏向蔣先生加以疏通。

第四個表現，是改組內閣，由閻百川氏擔任閣揆，由李的智囊甘介侯出任外交部長。我則於這次內閣改組中，實行辭職。

李宗仁派出的「和平代表團」是如期的出發了，而且他們抵北平時，還受到中共表面上的禮遇接待。

至於下令釋放政治犯問題，余心清是被釋出獄了，他在南京住了一天，即由上海到了香港，在香港住了沒有多久，又北上赴平，旋即出任中共「國務院典禮局」局長。後來又聽說他被封為「國丈」，現在則行蹤不明了。至於張學良將軍，因為那時兵慌馬亂，連幽囚在何處都少人知道，終始不見下文。

再說到吳鼎昌氏為了完成李代總統交給他的使命，特由南京奔往蔣生的家鄉溪口謁蔣。吳剛一提到軍事問題，蔣先生未等吳開口就說：

「請你轉告德鄰兄，我們和共產黨談和，必須要以武力作後盾。我把墨三（顧祝同字）留給德隣兄，就是要他輔佐他完成軍事上的作戰準備。墨三兄對各部隊的情形很熟，由他來幫助德隣兄，我非常放心！」

吳氏聽蔣先生這樣一吩咐，對李宗仁託他轉達的話，自然未便提出。所以，由白崇禧統一指揮軍權之事，只好就此打消！

內閣的改組雖然完成，但甘介侯入閣一事，亦無下文，李以代總統的身分，竟不能提名一位外交部長，想起來自然十分氣悶。

關麟徵遭受池魚之殃

李宗仁原是靠槍桿起家的人，他上台以後自然會著眼到「統帥權統一」問題。白崇禧的事碰壁以後，他又想出來一個比較「折衷辦法」向蔣先生那裡去碰。

原來，他在黃埔將令中看中了關麟徵將軍，那時關的軍職是陸軍總司令。有一天李氏把關麟徵請到官邸，徵求關的意見，打算把他調為參謀總長。關對於李的一番好意，雖然感激，但他回答李說：「這必須請示校長（指蔣先生）以後，才能回答代總統的問題。」

李、關兩人於這次會晤後，關氏於翌日晚間即搭乘「京杭直達快車」，由杭州轉道赴奉化溪口，我那時恰巧奉蔣先生之召也要往溪口一行，正好和關氏同車前往，我們兩人一路談談講講，頗不寂寞。

關氏見了蔣先生，蔣非常高興，及至關把李代總統的意思向他報告以後，他立刻很嚴肅地告訴關麟徵說：

「我已經把國家的政務交給了李代總統，什麼事我都沒有意思過問。既然他有這個意思，你就照著他的意思去辦了好。」

關氏碰了這麼一個軟釘子下來，便怏怏地返回南京，對於李代總統的授意，只好婉言加以謝絕。李知道關很為難，也不再加勉強。誰知隔了沒有多久，關氏的陸軍總司令突被免職，此後關在無官一身輕的情形下，便來了香港，大陸淪陷之後，一直未作赴台的打算。

習慣成自然怨得誰來

我那次由溪口回來，也是感慨多端，當我和關氏談起這件事時，他曾對我說：「李就任代總統之後，除了總統府文官處以內的事之外，幾乎沒事可辦（參軍長孫連仲亦是蔣先生時代的人）。最慘的是連總統府裡官佐伙食費都發不出來，天地間事已經是不可聞問了！但這件事除了知道內幕的人知道外，局外人是誰也不會相信的。」

那時人們都可看出：當國府在大陸末期，一個做法是由蔣先生繼續執政下去；另一個做法是蔣先生真能一概不問不聞，交給旁人負責。以上兩法都可能還有挽救危局的希望。最糟的辦法是蔣先生退休，在名義上交給一個人代他執行職權，而在無形中仍由他在幕後籌劃與揮。這個毛指病在蔣先生的用心來說，確是表示對國軍的負責；但在代他執行職權的人，則不免處處有掣肘的感覺。何況蔣先生數十年一直擔當著國家大事，早已養成了部屬凡事向他請示的習慣，蔣先生雖然退休，有些人還是會自動事事向他請示的，蔣先生本人想要不問事亦不可得。舉個簡單的例子：那時的參謀總長顧祝同於李代總統時代閣議議決給士兵加五角銀圓的「副食費」一案，顧氏就非送到溪口經蔣先生最後批准，即不能執行，於此可概其餘。

十六、傷心往事話和談

筆者按：民國卅八年四月初，李宗仁代總統派出的和談代表團，在張治中率領下飛抵北平了。當時的人們雖明知與中共談和實無異於向中共投降，但大家在絕望中似乎仍抱有一線希望，那就是：死馬當著活馬醫！

在所謂和談開始時，共方果然提出叫人無法接受的提案來（該提案內容，當時記載已多，或尚在讀者諸君之記憶中，為了節省篇幅，不再贅錄），本篇的記述，是彭氏與筆者談起這件傷心往事的共同的回憶。

討論對策費盡了心思

當共方的提案於四月十二日送到之後，和談代表們於討論對策時，代表之一的章士釗首先冷冷地說：「事到如今，我們除了忍辱含垢以外，還有什麼另外更好的辦法！」

代表團的顧問李俊龍卻說：「常言道得好，將在外君命有所不受，何況我們在未出發之前，已經受命為全權代表。既稱全權，當然有權力向共方提出對案，也有權力代表政府簽字。」

張治中此時搖頭表示：「這個問題太大，我們就是有權，也不能擅作主張呀！」為了討論共方的提案，和談代表們足足討論了一個通宵和一個早晨，到了最後，不能不勉強的作出了一個結論，那是：先提出一個對案，看看共方的反應以後再說。於是，便公推代表團的秘書長盧郁文，和顧問李俊龍兩人依照大家討論的結果，擔任起草「對案」的工作。

他們都知道，共方的這個既苛且虐的提案，主要的地方是不能改動，便只有在文字的技巧方面動腦筋，所謂「對案」，僅做了如左的小小更改：

第一、在共方提案的「前言」部份，只把原文「背叛三民主義及中山先生遺教」的文句，將「背叛」兩字，改為「違反」字樣，以求語氣稍為和緩一些。

第二、在「大綱」方面，只是把各款的小題目刪去，例如共方提案是這樣寫著的：「第一款：嚴格懲治戰犯。」結果他們刪去了「嚴格懲治戰犯」這個題目，只留下「第一款」三個字，以免刺目。至於內容方面，一概不敢亂動！

第三、在軍隊改編方面，張治中和黃紹竑兩個人曾費了很多腦筋，研究出來許多既可使共黨收編，又不致引起衝突的辦法。他們的建議，與其說是替國民黨設想，反不如說是替共產黨打算。

第四、在聯合政府方面，把「在籌備期間不准許國民黨代表參加。」對於這一條，和談代表們是認為非改不可的條件，至少這些代表自己也要參加的，所以一致同意非改不可。

可憐這幾位和談代表，斟酌又斟酌，研究再研究，一直等到他們認為沒有什麼過不去的地方之時為止，才算做為最後定案，準備向共方正式提出。

周恩來一副冰冷面孔

四月十三（這個不祥日子）的上午九時，周恩來果然如期而至，所謂和談會議一開始，首先由周發言：

「我們昨天的提案，是草案，也是定案，你們各位的意見怎麼樣？」

周發言時，面孔板板的，一點表情也沒有，交代過這幾句話以後，就坐在那裡靜待張治中的答覆。

張說：「我請問周先生一句，這個提案如果是定案，那就是沒有討論的餘地了。我們的會議也不必開下去啦，等我們請示國民政府以後，看看結果如何，再作答覆吧。」

周此時反而打了一個圓場說：「如果各位有意見，不妨提出來大家談一談。」

因為周恩來這句鬆和的語氣打開僵局後，張治中馬上站了起來，把他們連夜研究出來的「對案」，先對周作了一個委婉詳細的說明。隨後，才把所謂「對案」的原文，交周的手上。

周卻冷冷地說：「好吧！我先把你們提出來的對案帶回去，等我們研究一下，再答覆你們。」

這一場和戰關頭的重要會議，便在這樣情形之下散場。

本來，等人和等候消息，是使人最難受的一件事。在大家等候得極不耐煩的時候，那位于右老的女婿屈武（屈氏亦為代表團顧問，時任新疆省廸化市市長）建議張治中說：

「反正團長（指張治中）天天和周見面，你何妨用私人的關係，到他那裡從側面探詢一下。」

周的答話越聽越胡塗

張治中一想也對，遂用私人名義前去訪周，那知張不去問周還好，一問之下，卻更加胡塗了！張那次見周時，雙方對白如下：

張問：「假如和談破裂，我們是不是回去？」

周答：「和談一定成功，但也許破裂，破裂了也不要緊，事情總歸要了的。今天談不成功，將來可以再談。」

這些話說了等於沒說，直把張治中弄得一頭霧水。周看了張一眼又說：「你們要回去沒有問題，過去的政治協商會議，不是在談談打打，打打談談的情形下進行嗎？我在你們那裡，不是也住了半年以上嗎？假如老兄感覺寂寞，可以把嫂嫂接來，多住幾天。」

這一番話，更把張弄得啼笑皆非。周卻笑了一笑又說：「這不是說和談不成功，就沒有了成功的機會，希望永遠是有的。」

張告辭回來，把周的話向代表們一報告，代表們也和周一樣，一起胡塗起來。

又拖了一天，周恩來在四月十四日又來到北京飯店，他一坐定後，便發表談話說：「我們對你們提出來的對案，已經詳加研究。你們提出來的意見很好，我們已經根據你們提出來的意見，詳細的將原來提案加以修改。現在我正式向你們提了出來，等待你們的答覆，然後好規定簽字的日期。」

黃紹竑屈武回京請示

張等聽周這樣一說，都以為共方已經採納了他們的意見，不覺得連日來的憂悶心情，為之一寬！但因尚未看到共方提案的內容，不能作正面答覆，只談談的問了一問：

「這是不是定本，還有商量的餘地！」

周非常肯定的答道：「這個當然是定本，不必再有討論，如果你們要簽字就簽字，如果要向南京請示，也請趕快的進行。至遲以二十日那一天為最後期限，如果到了限期不答覆，或是答覆得不圓滿，我們即認為和談破裂。」

張又問：「看情形我們非向南京請示不可，但南京方面對於這個方案，一定要經過了一番研究，才能提出答覆。今天已經是十四了，距離四月廿日只有六天的時間，那如何來得及，可否再延長幾天？」

周答：「絕不能延期，如果你們政府有誠意，這個方案是很公平合理的，儘可照約簽字。」

周說完，馬上就起身告辭而去。

周恩來一走，代表團的人員，立即緊張起來！為了瞭解共方提案的內容，即公推秘書長盧郁文宣讀共方提案全文。及至宣讀完畢，他們才明白，除了「前言」部份所改動的幾個共方表示同意外，其他部份的內容，幾乎原封未動，一字未改！

代表團的同仁，又商討了大半日，連親共的邵力子，和主張「委曲求全」的章士釗，都覺得無法簽字。於是，他們一面電請南京派飛機來北平；一面公推代表兩人攜帶共方提案（一共四份），飛返南京請示。

大家研究的結果，是推舉黃紹竑和屈武回京。十五日飛機來平，十六日黃、屈二人由平南飛，預定中午十二時可以飛抵明故宮機場。該日上午十一時四十分左右，南京要員李代總統及何院長以下，均到機場迎候。

李宗仁召開高級會議

黃紹竑從飛機走下以後，滿面春風，神情輕鬆愉快。從表面上看，誰也不知道他內心方面的沉重，連李代總統都包括在內。

在該日下午，李代總統在官邸特召集一個小組座談會，由李、何、黃和我（彭氏自稱，以下同）少數幾個人參加，席間，先由黃紹竑提出報告，黃說：「共方的條件雖然十分苛刻，但並非完全不可承認，既然政府以促進和平為最高目標，不管共方的條件怎樣，反正和比不和好。與其打下去失敗，何如忍辱收兵，以圖再舉。將來如果沒有機會，什麼事都談不到，如果有機會可以大家聯合起來再幹。共產黨二萬五千里長征，還可由延安打出今天的局面來，我們又怕什麼！」

李當時的決定，是一面將共方提案請由我送往溪口給蔣先生核閱；一面是等候我由溪口回來後，再在南京召集一個「高層會議」，以聽取大家的意見。四月十七日夜我即由溪口趕回南京，那次出席會議的人計有：閻錫山、張群、吳鐵城、朱家驊及行政院院長何應欽、監察院院長于右任、立法院院長童冠賢、司法院院長王寵惠、考試院院長賈景德等。列席的人有國防部長及府院的秘書長和我。掌管紀事的人有黃雪邨、李士英、羅敦偉等。

李一通電報留中未發

會議開始後，首由何應欽起立報告，何報告完畢，即請黃紹竑對和談經過作一詳細的陳述。黃這次發言，一改常態，不再鼎調能和，他簡單作了一個結論，指稱共黨對和平沒有誠意。

黃報告完了，又由屈武作了一個補充，屈氏留俄很久，根據他的意見，即或由我方把條件稍加修改送給共方，成功的可能性也非常的小。

黃、屈兩個人報告之後，就由行政院院秘書長黃少谷起來就三個和談方案的內容，作了一個分析比較的報告（這三個方案是：共方最初的提案，我方代表團提出的修正案，共方又提出的最後定案。）

黃少谷報告後，會議場上並無一人發言。此時壁上的掛鐘，已噹噹的敲了十二響。何院長便徵求大家的意見，可不可以暫時休會，讓大家修息一下，等到下午二時，再繼續開會討論。因無人表示反對，遂宣佈散會。

到了下午二時，會議剛一開始，就由翁文灝提出一封電報原稿，請大家討論。他說：「代總統準備給毛澤東一封電報，表示共方的提案，根本沒有辦法接受。電文中的主要用意，是向毛澤東呼籲協議的目的是為的達到和平，如果不能達成和平的協議，簽了字也沒有作用，請老毛再作一次最後的考慮。」

對於李代總統這封電報，根據黃、屈二人的意見，認為拍發後不會有什麼作用，反而使共方認為是我方示弱的表示。於是，大家便一致決議不發此電，李對此亦立即表示尊重大家的意見。

閻錫山賣古玩的比喻

當時外間曾謠傳，說李宗仁在會議席上曾經主張接受共方條件之說，實完全不確。不但李氏沒說出主和的話，連黃紹竑看到氣氛不對，都沒再說忍辱求和的話了。

閻錫山這時說話了，閻說：「我認為不但共黨的方案不能接受，連我方所提出來的修正案，如果共方接受了，也等於是向共黨投降！」

閻老先生說來說去，做起比方來了。他又說：「我們山西太原城內有一條專賣古玩，分明是三毛錢的一只小瓶子，古玩店開價十元或廿元，最謹慎的主顧還價一元錢。這時店夥告訴你說：今天實在沒生意，就是一元錢賣了，但聲明在先，下不為例。你此時一定以為得了便宜，實際上是上了大當！共產黨是欺騙人的，照他們所提的和平條件看，正是一毛錢的貨色索價十元，而我們和談代表團已經還了八塊錢的價。萬一共黨承認了，我們已完全失敗，何況他們還一口咬定非十元不賣呢！」

吳鐵城也說：「這個條件我們如果承認了，馬上就有亡國的危險；不承認雖然是危險萬端，但還有萬一的希望啊！」

童冠賢也說：「站在民眾立場，我堅決的聲明，這個條件絕對沒有接受的可能。」

最後，李代總統又問我：「總裁的意見如何？」

我答：「總裁表示，他完全信賴代總統和何院長。」

對共覆文黃雪邨起草

把這次的會議歸納一下，大概可以總結為如下三種意見：

第一、對於共方提出的最後「定案」，認為與總裁引退及國民的求和意旨完全相反，沒有商量的餘地。

第二、國民黨的革命目標，絕對不准以個人及黨的利益而影響到全體人民的利益。共黨的條件，與全體人民利益不符，故國民黨沒有接受的可能。

第三、所謂和平條件，必須在事實方面能夠實行，假如不能實行的條件，在履行方面，勢必引起衝突，故不應予以接受。

等到大家都無話可說之後，才由何院長發言，提到答覆的方式問題。此時有人主張：我們既然決定了拒絕共方的條件，就應該理直氣壯地對共方作嚴厲的譴責，以圖振起民心士氣。此外，也有人主張應採取緩和的方式。這時，黃少谷站起來說：「無論使用強硬的方式或使用緩和的方式，這不過是措詞問題。還是讓我們先指定起草人，然後再斟酌文字吧！」

結果推定起草答覆共黨文件的，由黃雪邨、李士英負責；擬定行政院長向立法院的報告文，由羅敦偉起草。

一切問題決定之後，又推舉吳鐵城飛往廣州，向中央黨部提出報告；並推舉張岳軍及我一同趕往溪口，向蔣先生提出報告。

和談代表投敵開新例

中華民國三十八年四月二十日，是中國歷史上一個非常重要的日子，這一天是中共限制國府答覆他們提案的最後限期。但誰也料不到由是日起，卻發生了兩項急激的變化：一是我方的和談代表團，於和平破裂之後，居然全部投降中共，開了歷史上未有的先例。二是毛澤東接到我方覆文之後，立即廣播下令三野（陳毅部）、四野（林彪部）說，國民黨已經拒絕了我們的和平條款，應即趕快進攻「不留一點根的對國民黨軍隊，徹底的、無情的、乾淨的予以殲滅！」毛這個命令發表以後，馬上戰火就燒到首都，接著是上海鏖戰和大陸地區的相繼淪陷。

據筆者所知，彭昭賢先生那次曾隨同蔣先生到過廣州，不久，何應欽下台，閻錫山組閣。閻奉命組閣的當日，曾邀請彭氏復出擔任行政院秘書長，但彭認為大局已無挽回餘地，不願再作馮婦。遂於是年八月大陸淪共以前，攜家帶眷到了香港，隱居於半山區羅便臣道七十五號二樓。

此後，彭氏在香港雖曾一度參加所謂「第三勢力」，但他覺得這裡面的情形非常複雜，乃又舉家遷去日本，一直流寓到現在。他在東瀛除了擔任亞細亞大學一個中國留生部的名義外，大部的時間，都是在家裡讀書閱報，過著韜光養晦的淡泊生活。

補遺之一　中共拒絕我出任和談代表

筆者按：彭昭賢先生的政海話舊，在上期《春秋》已經刊畢全文了，惟其中對於蔣先生當年引退的經過以及國共和談的曲折內幕，因彭氏僅作提綱挈領的敘述，而筆者當時亦須匆匆由日返港，草草紀錄，總覺有欠詳盡。月前筆者又有扶桑之行，特再走訪彭氏致候，並專就上述兩問題面請彭氏略作補充，以實此篇。幸承俯諾，又得暢述竟日。東遊歸來，特錄此補遺數節，仍交《春秋》發表，諒為讀者所樂聞。

在溪口和蔣先生閒談

彭先生說：「在蔣先生引退那一年的農曆除夕，我在南京內政部官舍，忽然接到蔣先生從溪口方面打來的長途電話。電話裡傳來蔣先生的口音說：「君頤兄嗎？請你搭夜車到溪口來過年。」

我答：「總裁！今天時間太晚，恐怕來不及了，決定明天早車動身。」

蔣說：「好！好！」

講完電話後，我隨便整理了一下行動，翌晨起了一個大早，即搭乘京滬杭快車趕赴溪口。車抵杭州以後，侍從室已派有專人在那裡等候著迎我上山。

我那次在蔣先生的故鄉——溪口，一共住了二十多天，經常同桌用飯的，只有蔣先生、蔣經國和我三個人，其他的人都是另外開飯，很少與我們同席。蔣先生這次叫我去溪口的主要事件，是要我儘量襄助李代總統與共方進行和談事宜，因為我早年曾住過莫斯科大學，比較瞭解共產黨那一套鬥爭手法，所以這項任務，遂落在我的頭上。不巧的是，我當時雖被提名為和談代表之一，卻被中共所拒絕了。這是後話，暫且不講。

在這段時期，因為和蔣先生見面時多，有好多事，我都可對蔣先生知無不言。至於經國先生，他一向是靜靜地坐在一旁聆聽，從來不參加意見的。

有一天，在閒談中，我對蔣先生說：「我覺得我們今天的政府，好比是一個戲台，不管由誰登台來表演都是一樣，反正這個戲班仍舊是中華班。」

蔣先生微笑著應道：「是的！是的！」

我說：「我認為最緊要的一件事，是我們不能把這個戲台拆掉。因為保持了這個戲台（意思是保有國民政府）大家才有戲可唱。」

蔣答：「我同你的看法完全一樣。」

我說：「我聽說外面有一種拆台的說法，很不好聽，不知道總裁聽見這話沒有？」

蔣問：「不知是怎樣一種說法呢？」

我說：「一種是說總裁雖然引退了，但仍在幕後加以策動；另一種說李代總統對於總裁決定的政策，每每反其道而行之。」

蔣先生告我三點意見

蔣先生聽我講到這裡，卻笑了一笑說：「我對此也略有所聞，前天，岳軍（指張群）來這裡，我曾經對他提出三點意見，希望由他轉達給本黨各同志，用意所在，就是想要用事實來澄清外面的浮言。」

我說：「那好極了！」

蔣先生接著就對我說出他告訴張群的三點意見：

第一、他已實際引退，所有政府的「政」「軍」大權，完全交由李代總統負責。希望大家都徹底的聽從李代總統的命令。

第二、一切「國是」的取捨，必須透過「中政會議」的決定，以保持「以黨治國」體制的完整。

第三、在平等條件之下，與共黨談和是可以的。但要注意的是，我們的同意談和，並不是向共黨投降，如果超過了這個限度，則一切無從談起。

我聽罷蔣先生的三點意見後，當時不覺有著很多的感想，首先是：蔣先生既仍堅持「以黨制政」、「以政制軍」的原則，則所謂把軍政大權交由李代總統負責這句話，似乎值得商榷，因為，若是蔣先生自己秉政，則「以黨制政」、「以政制軍」的原則，是自然行得通的；若要李代總統來照樣行事，則掣肘之處，將不一而足，看來是絕對行不通的。

時間過得很快，轉眼在溪口住了三星期餘，而這段期間國共和談的聲浪，更是高唱入雲。我懷著千頭萬緒，回到南京，便乘著翁文灝內閣改組的機會，堅辭內政部長職，但仍以閒雲野鶴之身，接受蔣先生的委託，從旁襄助李代總統進行和談事宜。李氏當時也非常希望我多給他一些參考的意見。因為李此時雖然承擔了與共黨談和的使命，但他也不相信共黨真的有談和的誠意。

夢想和平的李代總統

在這個時候，中共用宣傳攻勢迫蔣先生下野，但並不以蔣先生下野便感滿足，他們的攻擊蔣先生，不過是攻擊國民政府中間的一個環節而已。所以在蔣先生下野以後，他們仍舊繼續的叫囂，說蔣先生的下野不過是一種姿態，並沒有真的不管事。只要事實上有了一分，他們就把它說原十分或百分。不由你不信！

在李代總統這方面，自從代蔣先生負責以來，他似乎已下了最大決心，決定用卑躬屈節、委曲求全的方式，以促成夢想的和平。

當李宗仁給中共的第一封電報打到北京去後，連毛澤東都嚇了一大跳！因為照老毛的想法，他提出來的所謂「和平談判基礎」如懲辦戰犯之類，把中央所有大員全部包括在內，當然李宗仁和何應欽等都是其中的戰犯之一。歷史上投降求和的例子很多，但絕沒有自己提著自己的人頭去投降的。而李竟然承認了老毛所提的條件，作為談判的基礎。這樣一來，倒教毛澤東和周恩來等人為了難。拒絕嗎？這等於自己打自己的嘴吧；接受吧？這分明是騙人的把戲，假戲又怎能真做呢！

好在共產黨說的話，可以隨便不算；條件雖然提了出來，儘可以越提越兇。如果壓迫得對方無法接受，那麼，破壞和平的責任，就完全可以加在對方身上，與共黨的誠意無關。

可是，在李代總統這方面，似乎並未注意到這件事上面。一封又一封的電報，接二連三的打了出去，彷彿是自己提著自己血淋淋的人頭去向共黨求和。只要共產黨答應和平，什麼條件，都可以接受。

何應欽內閣稱謂繁多

在那幾天以內，全國報紙上接連刊載了幾篇國共談和的大新聞。和平的氣氛，顯然瀰漫了整個中國，連倫敦、巴黎、紐約和華盛頓，都以為中國真可以和氣致祥了。至於南京和上海，由於和平空氣濃厚的關係，連頂房子都無形中起了價。

此時的何應欽內閣，在本身方面是含有兩重任務：一個任務是進行和平；另一個任務是在和平無望的時候，能夠繼續打下去。誰也知道，能戰始能和，一定要有足以抵擋得住共軍的武裝力量，才能夠獲得和平成功的保障。所以，何內閣雖然標榜著「和平內閣，但從另一角度看，也可以叫做「戰鬥內閣」，同時，在共方天天指中央要人為戰犯的叫囂下，因此也有人諷刺何內閣是「戰犯內閣」！

但在當時的情況之下，和談空氣瀰漫全國，當然非推行和談工作不可。毛澤東和周恩來看到大勢所趨，也不得不答應和國民政府進行和談。

這裡面最滑稽的一件事，是毛澤東和周恩來的幽默感，在那樣舉國矚目的一件和談大事上，居然不忘諷刺，把和談開始的日子，定為四月一日「愚人節」那一天。

六位代表同意了五位

在共黨方面，儘管把和談當做愚人那回事，但在李宗仁看來，這卻是中華民國五千年文化絕續之交，不僅為全國同胞所矚目，亦為舉世人士，所注意。他對這件事的重視，最顯著的是表現在和談代表身上。

在國府高級大員中，最適合做代表和擔任首席代表的，自非張治中莫屬。他這個人在思想方面雖不一定左傾，但人所共知的事實是，過去政府所有對共黨方面進行談判，照例都是由張治中出面，論資格已屬「專家」！

其次便是邵力子，他是有名的「和平老人」，在他擔任陝西省主席的時候，人們早就風言風雨說他的太太傅學文是共黨份子，此外，他又做過駐蘇大使，由他來出任代表，自然也是適宜的人選。

第三個合適的人選似乎就是我了，因為我是留俄出身，蔣、李兩公都以為我對共黨那一套了解比較透徹，有我忝陪末座，在雙方的條件折衝方面，至少不會上共黨的大當。事實是否如此呢，連我自己也毫無把握，這不過是他們的「想當然」耳，詎知中共方面唯獨對我出任和談代表一事，竟予以堅決的反對。可能中共也抱有同樣的想法？

另外的代表人選，一是黃紹竑，此公和李德鄰的關係很深，是屬於縱橫捭闔一派的人物，共黨對黃不表示歡迎，也不表示反對。至於章士釗老人，則是非國民黨系的所謂「社會賢達」。李蒸是一位教育家。

這六位和談代表，除了我以外，毛澤東都表示同意，因為老毛對於某人為動搖份子，某人為忠貞份子，某人為失敗主義，某人為投機份子，某人與他有舊，某人意志不堅等等，他都心裡有數。

我方處於絕對的下風

為了假戲真做，老毛也派出周恩來為首席代表，其餘的人是董必武、李維漢、林祖涵、聶榮臻等。

林、董兩人一個是湖南人，一個是湖北人，林是程潛的親家，似乎關係又近了一層。李維漢是湖南長沙人，外間一度盛傳他便是在我方代表團中任顧問的李俊龍的兄弟，查實完全沒有那麼回事。共方的代表人選，照例也徵詢我方的同意，但在那種情況之下，我方沒有置喙的餘地，李代總統絕對不會自討沒趣，那也是鐵一般的事實。

代表團五位主要人選派出之後，我方認為應該加入一個軍事人員，提名由當時擔任副參謀總長的劉斐加入。劉是湖南澧陵人，一向屬於桂系。他為人能言善辯，同各方面的關係都拉得很好，尤其小動作有一手：從演說、開座談會（參加蔣先生官邸座談會），寫文章直到打太極拳等，都能表演得十分精彩。他根本是共產黨員加入我方工作的。李提議增加劉斐，毛澤東馬上贊成，共方也多派了一個人以為陪襯。這樣一來，雙方代表的人數，等於我方少了一個人，共方卻增加了兩個人。

因此，在表面上看，雙方的代表團，是文對文，武對武，老頭對老頭，年輕人對年輕人，學者對學者。我方代表團的秘書長盧郁文，顧問人員是李俊龍和屈武（屈氏是于右老的乘龍快婿）。其實，單從我方代表團裡各個人的思想而言，我方已經處於絕對的下風。

補遺之二　中共怎樣擺佈我方和談代表

筆者按：國共和談時，國府所派出的和談代表，除章行嚴（章士釗字）一人外，其餘均係國民黨員。因此，在未北上以前，他們因屬黨員身分，必須赴奉化去向本黨總裁有所請示。想不到這樣一件順理成章的事，又被中共抓住了題目，大做對代表團猛烈抨擊的文章。

和談前奏曲溪口謁蔣

和談代表人選決定以後，曾經由我陪伴著他們，到奉化溪口去見蔣先生請示。蔣先生和代表們見面以後，卻非常懇切的告訴他們：

「本黨這次與共產黨的談和，完全是站在平等的立場，我們雖然抱有讓步的誠意，但決非投降可比。所以一切會談，均不得超出平等的條件以外。假如對全體國民無法交代的事，無論在如何情況之下，都不能接受。」

蔣先生作了如上的表示後，隨即又分別聽取了一下每一位代表的意見。當晚各代表方行告別，走向返回南京的歸途。

張治中和我為了對蔣先生還有進一步問題的商討，當各代表離去之後，曾在溪口多住了兩日。等到我和張回到南京時，又和李代總統、何院長及黃秘書長等舉行了一項小組會談。張氏當場提出報告說：

「我這次到溪口去，總裁曾經當面告訴我和君頤兄，對於這次和談問題，他全權委託給李代總統和何院長負責進行，他本人絕無成見。而且要我轉達給李何二公，他除了主張以平等立場來進行談判外，對此次談判毫無意見，一切由李何二公作主。」

有關蔣先生的政治立場，據張治中當時報告說：「總裁要我轉達給本黨同志，他既已引退，即絕對不參加政治活動。他希望至少在五年以內不問政治，專心一志，以其精力來改造本黨。使之成為實現三民主義的真正政黨，在民主政治之下，為建國而進行努力。」

這是和談的前奏曲，代表團經過這個例行手續後，才依照共產黨規定的愚人節之日（四月一日）北上進行和談。

代表團一行飛抵北平西苑機場後，只看到機場上冷清清的，除了共黨的兩名中級幹部接機外，共方的高級人員，連影子都沒看到。張治中等已在心理上感到氣氛不對，彼此都沉默無言。下機後，被共幹送到了預定接待他們的地方，在沿途中誰也沒有心情觀看北平郊區的風景。

張治中被潑一頭冷水

中共招待我方代表的地方，是東長安街路北的「北京飯店」，那是一家由法國人開設的旅舘，把整個的二樓讓了出來，給代表們住用，在接待上總算還不錯。他們到達北京飯店不久，周恩來一個人卻施施然的來了，周一見張治中的面，似笑非笑地說道：

「我本來打算到機場去歡迎你們，但因為你們未到北平來以前，去過奉化，可見你們無論什麼事，還是要去請示蔣先生，並沒有和我們進行和談的誠意，所以，我不能對你們表示歡迎。」

周恩來和張治中可算得多的老友，他在國府供職時期，遇事都承張氏對他加以照顧。現在，易地而處，一見面他就給張潑了一頭冷水。張連忙的解釋說：

「蔣先生是國民黨的總裁，我們代表團的團員，除了行嚴先生外，全都是國民黨黨員。黨員代表本黨和貴方進行談判，在事前向本黨總裁有所請示，這是當然的事。蔣先生曾經坦白的對我們表示：關於和談問題，完全交由李何二位作主，他毫無成見。貴方不能因為這件事，就說我們沒有談判的誠意。」

張的解釋是合理的，但周恩來根本是借題發揮。對於張的解釋，不但不以為然，而且從此以後，只要一見張的面，就把這件事提出來重述一次。以後，張治中等與毛澤東見面時，毛也作同樣說法。從毛周二人等注重小節這件事來看，人們早已預感到，這次的和談是空費時間，絕對沒有成功希望的。

但無論如何，張治中還是一本李宗仁所囑咐他「委曲求全」的初衷，要求周恩來舉行正式會談。周則非常狡猾的對張表示：

「我們的意見是，為了使會談能夠得到圓滿的結果，在未舉行正式會議以前，應該先由雙方代表，各別的交換意見。一俟把各種問題談好，再行正式舉行會談。」

記者探新聞無可奉告

這自然又是共方的一項陰謀，用意所在，不外乎是為了把會談的日期，儘量的向後拖延。在這種情況下，我方代表團是不答應也得答應，刀柄既落在人家手裡，不願意又有什麼辦法？

周恩來並不理張的表示怎樣，卻又緊接著提出一項要求，非常鄭重的告訴張說：

「請文白兄交代各位團員特別注意，對於我們交換意見的發展和內容，不得有一絲一毫對外的洩露。否則，如果發生任何不良後果，均由貴方負責。」

這是北平方面的情形。但是，在南京方面，大家都以為雙方面既已規定在四月一日那天開始進行和談，總會接二連三的有和談的消息可以發表。所有中外記者，為了搶先爭取這個舉世矚目的大消息，每天都跑到行政院和總統府這兩個地方來打聽新聞。但他們所得到的答覆，千篇一律，都是沒有正式的消息可以奉告。行政院的秘書長黃少谷和我，都是新聞界出身，和記者們打交道時多，大家既然從新聞處那方面打聽不出來消息，便直接找到我們追根挖底。

我們只有很坦白的告訴新聞界朋友，說雙方已經約定，對和談的消息，在事前要嚴守秘密，請他們原諒官方不發表新聞的苦衷。

在北平那方面，雖然張治中每天至少有一封到兩封的電報打了回來，其他的團員們，也常有文電給李何二公。但是，由於雙方面在事前有了約定，所以任何人的文電中，除了報告他們的活動情形以外，對和談內容亦絲毫沒有洩露。

新聞界的朋友們，向以善於搜索秘聞見長，他們在正面既然打聽不出來消息，便只好向其他方面轉移陣地，用側面的手法，去加以刺探。於是乎酒樓、旅舘、舞場，甚至女人，都成了他們追求新聞的對象。

新聞記者施謠言攻勢

然而，這件事是由於真正沒有結果，連主持大計的李、何二公，都毫無所知。新聞界的朋友，自然是無論使用任何方法，都將毫無所得。

可是，在上海的報社方面，卻天天的給駐京記者下訓令，向他們要消息。各報社的社長和老編，都用長途電話責備他們的記者說：

「何以我們的代表，一到了北平都變成了金人？縱或對和談沒有可以公佈的消息，多多少少總可以說一點接觸的情形。至少也應該有幾個電報打回來，在目前拿不出來全文，有一個大意也好。像這樣一點消息沒有，叫我們怎樣對讀者交代呢！」

記者們也很聰明，他們既然用盡了一切法寶，都探聽不出半點消息，眉頭一縐，計上心來，居然給它來一個「謠言攻勢」，用謠言來衝破政府對消息的封鎖。在他們的意思是只要新聞界放出來謠言攻勢，不管對不對，政府必定會出面否認。只要政府一出面，他們的採訪新聞目的就達到了。照說這個辦法不能說不好，但他們不知道，消息是北平那方面封鎖的，逼死政府也沒有辦法。

有一天，上海各家報紙相約同時刊登出來一條「頭條大新聞」，說和談於某月某日業已開始，地點是北平居仁堂，席位是圓桌方式，會議開始時，首先是周恩來站起來演說，其次是張治中起立發言。兩個人的演詞，報上居然都有全文發表。

各報接著又說：依次是雙方代表輪流發言，和談的氣氛，非常融洽。以下是如何散會，如何由毛澤東招待晚餐，都記載得非常詳細。從內容方面來看，絕對叫人看不出來這是造謠。

這一天，只有上海《新聞報》一家沒載這個消息，而且還在他們的電訊中說和談並沒有開始。

誰知，《新聞報》老闆打開各報的新聞一看，見各報對於和談消息都有詳細記載，獨自己報紙沒有。他以為是採訪部漏了這個大消息，當場對老編大大申斥了一頓。

該報於次日居然補登出來，以求補救。誰知一補救反而上了大當。

政府的同仁，多數是老記者出身，他們怎肯上這個當，對於上海報紙的集體造謠，既不更正，也不闢謠。使各報的造謠攻勢，完全失去了作用。

代表多自覺罪孽深重

和談的真相究竟是怎樣的呢?可以說在南京方面，只有李代總統、何院長、黃少谷和我幾個少數人知道。在會談尚未開始時，中共首先是打擊我方代表團的精神，對於他們的來臨，故意表示冷落；其次，是藉著我方代表團到溪口去的理由，對我代表團不斷的咆哮。

按照各國的通例，本黨的黨員對於進行一件重大問題，在事前向本黨總裁有所請示，本來不算是什麼一件事。但到了這場合，卻成了被中共譴責我方代表的最好藉口。

代表團中人，多數是「投降主義」者，其中還有若干間諜份子，當然對於中共這個攻勢，在心理上發生了相當作用。每一個人都覺得自己「罪孽深重」，以為事前到溪口去，確實是「犯了錯誤」。

中共除了給我方代表們直接打擊以外，還在北平各家報紙上連篇累牘的宣佈各代表們每一個人的罪狀。某年某月某日，某人擔任過「反動政府」某種職務。某人是國民黨的中委，某人是政府的要員等。最討厭的是，在某中委、某要員的頭銜之上，都要加上一個「偽」字。甚至於對某些主要代表，還舉出來他們過去的言論，以證明他們以往的「頑固」和「反動」。

此外，中共的招待員們，一有空就引導那些代表們，到處參觀他們的新玩意。如扭秧歌、打腰鼓、群眾聚會、學生聚會、婦女聚會之類。這些新玩意，不免叫人看得心猿意馬、眼花繚亂、人人自以為自己不行，人人以為共產黨了不起。於是，在這些代表們的報告中和家信中，以及給朋友的私函中，都一致稱讚共產黨的玩意新鮮，說他們如何有朝氣，如何有辦法。

會談尚未開始，大家還沒有見到毛澤東，心裡已經有了「丞相天威，南人不復反矣」的想法，接著，表演下去的，才是中共一連串的和談騙局。

補遺之三　周恩來玩弄張治中一段經過

從和談開始進行那一天開始，共方即以戰鬥姿態，向我方代表進行攻勢。首先，他們是用分別說降的方式，和我代表們保持接觸。由戰犯問題一直談到婦女問題，真所謂無所不談，無所不交換。而且是使用兵對兵、將對將的辦法，和我方代表們苦苦糾纏。

張治中和邵力子，是由周恩來一人分別加以對付。周對張交談的重點，每次都要提到「你不該到奉化去見蔣先生」那幾句老話，直把張弄得心煩意亂，茶飯無心。在以後幾天中，周又嚴厲的提出兩項先決條件，要求張首先予以解決：一是談戰犯問題，另一是渡江問題。真所謂一波未平，一波又起。

聲色俱厲周恩來作態

關於戰犯方面，周要求先決定名單：有關渡江問題，周又要求中共軍隊須開到長江以南。這樣一來，張治中幾乎把見周視為畏途，但使命所在，又不能不見。一見面，若非戰犯便是渡江。張明知這些事都是無法答應的，如果答應了，還用和談作什麼？不如乾脆向共方投降！

可是周對張的態度越來越硬，曾經聲色俱厲的說：「如果戰犯不懲辦，還有什麼是非？共軍不渡江，又如何能表現出來和談的誠意！」此外，周又強詞奪理的說：「雙方既然有和談的誠意，將來的國軍和共軍都是一家人，隨便什麼地方都可以駐防，為什麼現在共軍不能渡江？」

張對於這問題，只好苦著臉答道：「國共和談成功以後，當然共軍可以渡江，現在，只有雙方各守原防，以免惹起意外的衝突啊！」

在張、周對談糾纏不清之際，也虧張治中居然對周也提出來一個對案：「要求在國共談判期間，雙方先行停戰。」張的理由是：「大家既已進行和談，即是趨向和平的表現，和平的第一步，就是雙方面先行停戰。如果雙方面繼續打下去，還有什麼和平可言。」

周卻答覆得很妙，他說：「戰總是要停的，但不能急，要慢慢來的。」

在這種情形下，我方代表團儘管留駐北平，而且確實和共方們天天見面，大談而特談，但前方仍接觸如故。

周與邵力子胡扯一通

周恩來和邵力子談話，也很有趣味，他們所談的，著重在外交問題上面。周認為第三次大戰無可避免，只有蘇聯是解放人民的國家，所以中國必須跟著蘇聯走（即毛澤東一面倒向蘇俄意思的重述），絕對不可幻想有第二條路線可循。邵力子那時卻非常天真地，曾對這項問題和周辯論，邵對周說：

「中國的歷史，一貫是民族的獨立自主。過去國府和英美攜手的政策，固然不好（這是遷就周的一種說法），可是完全依靠蘇聯也有不對。最好的辦法是獨立自主，既不跟英美走，也不跟蘇聯走。不偏不倚，完全以中國作為本位。」

「力子兄！你太天真了，第三次大戰那裡會有中立國家，中立是絕對不可能的事呀！」

周除了和邵談外交問題外，還和他大談婦女問題。周認為婦女問題要併到一切問題中解決，一定要使婦女和男子一樣，完全得到平等，從各方面努力消除男女間的歧異。

邵對此問題也提出他的意見，認為周所說的話，他雖然大部份同意，但男女之間終究應該有一些區別。尤其對於「母性」的保護，要特別注意。

總而言之，周恩來與邵子力的交換意見，簡直是胡扯一通，根本和談完全無關，旨在拖延時間而已！

和談必成功要慢慢來

在另外方面的安排是：由聶榮臻出面對付黃紹竑和劉斐；由李維漢出面對付李蒸；由林祖涵出面對付章士釗。連我方代表團以外的人員，如顧問李俊龍、屈武等，共方也派出人來和他交換意見。

李維漢與李蒸大談教育，在二李交談之中，李維漢曾抨擊國民黨黨化教育的不當，李蒸反問李維漢道：「你們共產黨不也是統制思想，完全推行黨化教育嗎！」

李維漢答：「我不是反對黨化教育，是說國民黨的黨化教育不夠格，不過是派系教育罷了。」

這些話真把李雲亭（李蒸字）問得啞口無言，不知怎樣對他解釋才算好。

聶榮臻對黃紹竑與劉斐談的都是軍事，由裝備問題一直說到訓練問題。黃紹竑很少發言，一味讓劉斐出頭，而劉斐根本就是共產黨，所謂交換軍事上的意見，不過是給共黨多供給一些資料。談來談去，是談不出什麼名堂來的。

此外，李俊龍和李維漢也見了很多次面，他們談到宣傳問題和土改問題，在李維漢搖唇鼓舌之下，越談越使我們這位李顧問覺得共產黨有一套。在他當時由北平寫回京滬來的私函中，即曾大贊共產黨的宣傳，不但有理論，而且也有技術上的配合。

交換復交換，談判復談判，大家天天見面，天天都是閒扯，半點結論也沒。張治中在萬般無奈的時候曾問周恩來道：「我們為什麼老是交換意見呢？」

周答：「反正正式和談的日子長得很，大家可妨利用這個機會，多交換一些意見，把各種問題先談好了，將來正式會談就容易解決了。所以，我們認為交換意見非常的重要。」

在以後的幾次談話中，雙方曾經鬧到瀕近破裂的邊緣，所以迫得張只好打電報到南京，說和談有破裂的可能，語氣再也不像以前那樣的樂觀。可是，在周這一方面，反而心平氣和的勸張：「文白兄：急什麼？和談一定會成功的，但是，要慢慢的來，這是急不來的！」

這一番話，把張治中弄得啼笑皆非，不知怎樣應付才好。既不能進，又不能退，完全陷於內心苦痛的慘境！

職業學生大鬧南京城

「製造事件、尋找藉口。」原是共黨的拿手好戲。但誰也沒有想到，雙方和談代表正在北平交換意見之際，共黨的職業學生們，卻在南京製造了一個擊攻國府的事件。

那是在和平氣氛瀰漫南北之際，共黨潛伏在南京中央大學和金陵大學內的職業學生，聯合南京各中學的學生們，以呼籲和平為藉口，發動了一次示威遊行，在他們的遊行行列中，用大字標語寫出來如左的攻擊國府口號：

打倒國民政府，打倒國民黨。

打倒李宗仁，打倒何應欽。

反饑餓，反戰爭。

要和平，要自由。

這些學生的行動，在首都的觀瞻之下，真是「民主」得太不成話了。學生的行列，一面遊行，一面大聲的喊口號。

但我方的軍警，因為在事前受到最高當局指示，是只准予以制止，不准造成流血事件。因此只好徒手開到街頭上去，對學生群們用口頭加以勸解。這些青年學生，在職業學生們鼓動之下，那裡肯聽從勸導。

當遊行行列經過南京軍官總隊大門口時，那些學生們還是狂呼亂叫如故。而這些軍官們都是改編下來的閒員，每個人心裡，都有一肚子的苦水，正苦無處發洩，再加上有一些不懂事的學生，走到那裡高叫污辱性的口號：「打倒反動派走狗！」肝火旺的人實在耐不住了，這時突有人高呼一聲「打！」數千名軍官們都拿起木棍木椅，向遊行的學生，一頓亂擲亂打。在學生群中受傷的人很多。軍官總隊中也有少數人受傷。

同時，另外一批遊行行列，在職業學生率領下，曾湧到了總統府準備向裡面闖入。總統府的衛隊雖然武器已被收藏起來，但他們職責所在，不能任令學生們闖進去。於是在磚塊、石塊、木棒、拳腳等亂飛的情況下，自然又有人受了傷。在人數比較之中，軍警受傷的人，卻比學生受傷的人更多。

答應與否共軍必渡江

北平的中共宣傳機構，聽到這個消息，認為萬分嚴重，馬上用嚴厲的語調，對國府展開了無情的抨擊，大罵國府殘殺學生，是「美帝國主義」的走狗。

經過共產黨加油加醋的宣傳，連我方在北平的和談代表們，也對國府的處置表示憤慨。覺得在他們努力奔走談和之際，如此行事，等於拆他們的台，張治中更打電報回來，向政府詢問真相。

由此可見共黨手法的高妙！他們主動的製造了「三罷一慘」的事件——即罷課、罷工、罷市，造成慘案——卻把責任加在國民政府身上。

張治中看到了情勢的惡劣，於是，又向周恩來說：「照這樣情形看來，我們的和談是否還繼續談下去呢？」

周恩來的答覆是：「和談永遠不會破裂，請你放心好了。我和你談懲治戰犯問題，那是為了伸張正義；談渡江問題，那是為了實現和平渡江的理想。你們答應，共軍早晚也要過江，你們不答應，共軍遲早也要過江的。」

周恩來說這個話是有所根據的，因為共產黨在這個時候，對於我方的江陰砲台和蕪湖的守軍，已經在策反工作方面，有了相當眉目。

正在共方橫生枝節，和談跡近破裂的時期，毛澤東忽然宣佈了分別的請我方代表團人員見面的好消息。

補遺之四　毛澤東與和談代表會面一幕

因為有了毛澤東要召見和談代表們的好消息，這對於失望到了極點的和談代表諸公，不啻打了一針興奮劑。四月九日是毛召見我方代表的第一天，是日清晨，周恩來便來到北京飯店，面約張治中赴頤和園去見毛澤東。

張治中頤和園晤毛記

周恩來陪著張治中由北京飯店驅車到了頤和園門口，張就看見大門兩旁，站立的都是青年漂亮的赤色衛士，看見周、張入門，立即舉槍敬禮，使張治中立刻感到飄飄然，精神為之一爽。

毛澤東召見張治中的地方，是在頤和園的石舫中。那裡是用巨石雕製成的一艘石船，一共分為上下兩層。張治中戰戰兢兢地登上石舫，見了毛的面，少不得要先客氣幾句，以表明他此來求和的誠意。事後據一位有資格的某人士告訴我，這次毛張見面的情形是這樣的：

毛澤東一提到和談問題，即對張治中表示：「戰犯雖然要辦，共軍也必須渡江，但都不妨慢慢的來，用不著操之過急。」

毛澤東這樣一說，倒把張治中弄糊塗了！他心裡暗想：莫非周恩來所提的戰犯問題和渡江問題，可以從現在起擱淺不談了嗎？如果真是這樣，那倒是國家之福，不由得從內心方面泛起了一片光明的遠景。

毛澤東接著又說：「和談一定要使它對成功，條件也好談得很。雙方面既然進行和談，就應該彼此開誠以商談一切。將來的和平條件，主要的是大家站在平等的立場，互相讓步。」

毛澤東這樣一說，叫中聽來，真是句句入耳動人，多日來的鬱悶，似已一掃而空。但毛所說的動人言辭，尚不止此。他又接下去說：「在憲政沒有恢復以前，暫時不必裁兵，使軍官們各安其位；一俟憲政恢復，再行解甲歸田；關於公教人員，在沒有轉業辦法以前，也不必裁員，要各守崗位，安心供職，所有機關，一律仍舊；所有部隊都是原官原職，不必急急變動，一切都不必著急，要慢慢的來。」

正當張治中聽得入神之際，毛澤東忽然又提高聲音說：「請文白先生轉告國民黨中央、和國民政府諸公，在過渡期間，南京國民政府一切仍舊執行其職權，不可使政治上發生中斷；至於國民黨也要加強團結，加強黨的力量，俾將來兩黨合作的時候，能夠發揮作用。」

和談簽字人越多越好

說來說去，毛忽然又把話題一轉，說到將來和談成功後的參加簽字人選問題，他說：「將來和談結束簽字的時候，因為要擴大和平運動，應該舉行一個隆重的儀式，雙方參加的人，是越多越好。我是一定參加的，希望李德鄰、何敬之兩位，也到北平來參加。其餘在國民黨元老方面，如居覺生先生（居正）、于右老（于右任）、王亮老（王寵惠）、莫柳老（莫德惠）諸公，希望他們都能來。」

毛此時卻又回過頭來，問了一下周恩來：「你看還有什麼人可以參加？」

周答：「張岳軍（張群）也可以請他來參加。」

毛說：「很好！很好！」

周：「還有顏俊人先生（顏惠慶）、江翊雲先生（江庸）也可以請他們來。」

毛：「對的，人是越多越好，範圍是越大越好。」

毛澤東實在有演戲的天才，他說到這裡，又把話題一轉，提到國民黨身上，他說：

「國民黨的歷史很悠久，過去的歷史也非常的光榮，將來在國共合作政府中間，一定要國民黨發生絕大的作用，才能夠把中國治好。」

張治中聽了這話，直如丈二金剛，摸不清頭腦。他不知道此時我方的長江天塹——江陰落台和荻港——已落入共軍的掌握中。毛澤東是落得在口頭說得好聽，反正是騙死人不償命的！

在這一場見面中，張治中根本就沒有說話的餘地，只有恭聆毛澤東滔滔議論。這時，周恩來又在旁邊插上一句說：

「和談一定成功，主席還要分別的和各位代表談一談，好使他們都明白主席的和平誠意。我相信公平合理的辦法，前途非常地樂觀。」

此時，坐在一旁迄未發言的朱德，也開了腔。他說：「主席方才表示所有軍隊都仍舊保持原有番號，和原官兵、原編制，聽候憲政恢復後再行轉業的辦法，最為緊要，請文白先生轉達給國民政府諸公。」

張聽了這些話，暗中自己捏了一下腿部，覺得有一些痛，知道這並不是白日做夢，遂連連的表示說：

「毛先生的德意，我一定的轉達。」

張從頤和園告辭出滿懷高興地趕返北京飯店，連忙打起安徽官話，對代表團同仁們說：

「很好！很好！」

邵力子說要仔細檢討

緊接著，張就把毛澤東告訴他的話一五一十的對代表團同仁說了一遍。大家一聽，有幾位幾乎高興得要跳起來。

章行嚴這時在一旁搭腔說：「毛潤之的和平誠意，我早就很少懷疑。這幾天諸位都擔心和平會趨於破裂，我也不好多講什麼，在這樣的局面下，試問不和平還有什麼另外的辦法？」

章老先生說到得意之處，不覺搖頭幌腦起來，獨個兒唸唸有詞，似乎動了詩興。

在這些和談代表中間，比較上還是邵力子懂得一些共產黨的情形。他說：

「慢著！毛的態度，為什麼和周恩來相差這麼遠，這裡面可能另有文章，我們應該要仔細檢討一下。」

張治中說：「好在明天毛先生就要和邵先生見面，一切情形，等你和毛見面之後，不就明白了嗎？現在瞎猜也無用！」

一宿晚景無話，到了第二天早晨，周恩來很早就來到北京飯店，又陪著邵力子去見毛。

四月十日北平的天氣格外晴朗，鳥語花香，薰人欲醉。我們這位白髮滿頭的邵代表，始終面含笑容，見到了毛澤東時，他看見毛也是滿面春風的，顯得非常的客氣。

毛和邵談話的內容，大致與見張治中時差不多，不過又加上了一筆，說將來中國的外交，一定要「維持世界和平，打擊戰爭販子。」我們這邵代表，一直聽毛大發議論，只有唯唯的份兒，連前到後他一共回了不到十句話，即興辭而出。

章行嚴見毛飄飄欲仙

毛澤東的戲，是越演越精彩，他於見到章行嚴時，先是恭恭敬敬地待以「鄉賢」之禮，請章上坐。隨後，半似認真，半似開玩笑的說：「我還沒還章先生的欠債呢？」

章氏聽了，得意之至，一直報以淺笑。原來早於民國九年毛在北大圖書館充任小職員時，因為急需，曾向這位鄉前輩借過錢。所以毛才念念不忘舊事。人生對人有恩，若有人提起總是快樂的，章行嚴的飄飄欲仙，自可想見。

毛隨後又對章說：「北京較上海適宜老人家居住，將來和談成功，請章先生長期住在北京，以便有時常聆教的機會。」

毛接著又說：「一俟國事稍告就緒，我一定抽出功夫來重理舊業，請章先生給我再講一講國學。」

章忙不迭地連說：「不敢！不敢！」

老毛這一番話，直把章捧得不知人間何世，一味傻笑。

毛和章的見面，除了談談往事，和追憶一些家鄉的瑣事以外，對和談問題完全沒有提起。

再過了一天（四月十一日），毛澤東又召見了黃紹竑。毛一見黃的面，就把李代總統的和談誠意，捧了一番，和周恩來的指責完全不同。

接著談到和談問題，毛告訴黃說：「我對於和談的看法是，大家既然要合作，就應該彼此開誠相見，不宜存有絲毫芥蒂。」

說到軍事問題，毛接著表示：「軍事方面，以妥善安置為主，將來應該用全力發展產業，把官兵加以生產的訓練，然後再行轉業。」

接著又補充說：「季寬兄，你是一個軍事政治全面的人才，對內政和邊政，都有很豐富的經驗，國家一定要借重你的。」

黃聽完了這些話以後，不由得心花怒放，他事後對人表示：「我的第一個感想，是毛有意和平；第二個感覺是毛對代表團各人都很器重，將來老毛如果執了政，我們照樣可以混下去。」云云。

接著，老毛又分別的召見了以次各人，所用的手法是因人而施，使每一個人都覺得毛先生對他們不錯。個個人都以為和談一定可以成功，甚至他們心裡想，萬一國民政府要價太高，他們也務必設法促成和平。不管和談後來的發展情形怎樣，老毛的這一砲，總算是打響了！

一次座談會七嘴八舌

四月十一日晚間，代表團各人於晚餐之後，曾舉行了一個非正式的座談會。首先由張治中發言說：

「照這幾天毛先生的表示，和平談判大半可以成功，至少周先生已經答應我們，明天即可正式提出來一個和平方案。我們何妨檢討一下未來發展的情形。」

劉斐卻搶著表示意見道：「現在的局勢，除了和平以外，還有什麼其他的路子好走。老實講，就是周的提案內容比較苛刻，逼迫我們投降，我們國民黨到了今天，好漢做事好漢當，現在只有自己認錯。請各位恕我心直口快，即或共產黨要我們投降，也是要和的。」

邵力子說：「我看和談可以成功，但條件未必好受。但是事到如今，我們幹什麼來的，當然是為了和平，如果和平談不下去，我們還有什麼臉面回去。」

章行嚴說：「現在全國的人心，大家是知道的。如果和談破裂，我們還能逃到什麼地方去？上海、南京、東南、西南、西北、邊疆嗎？我認為都不如留在北平好。」

黃紹竑也說：「我們一定要和，為國家我們要和，為黨也要和，為個人更須要和，不知又怎麼辦！」

從這次座談會的情形來看，至少是毛澤東已把代表團諸人說服了。就在這次交換意見中，大家似乎都有了一個默契，即無論條件如何，代表團均以努力促成和平為職志。

四月十二日這個重要關鍵的日子，大家都心情非常緊張的，在北京飯店等候周恩來的和平提案。

這一天是代表團最平靜的日子，大家除了等候周的大駕光臨外，另外任何事都沒有，有的人聚在一起閒談，有的人閒的無聊，拿起筆來寫家信。

等待復等待，一直等到上午十一點鐘，周恩來才施施然而來，只見他手裡捧著三冊十六開報紙大小的小冊子，很鄭重的交給張治中。

和平提案聽來嚇壞人

張接過一看，封面上有幾個大字，寫的是：「和平談判協定全文。」右角上還印著「絕對機密」幾個小字。

張隨手翻了一下，笑著問周道：「這是和平協定草案嗎？」

周答：「是草案也是定案。」

張問：「如果是定案，就沒有討論的餘地了。」

周笑著答：「反正是協議，要討論也可以。」

接著周卻笑著向大家說：「大家趕快的研究一下，明天上午九點鐘我再來，那時再和大家談談。」

周說完這句話，一聲再見，即行揚長而去。時間這樣的急迫，周走之後，大家立即集合在一起，趕快的商討。首先由秘書長盧郁文宣讀協定的「前言」，大家靜靜的坐在那裡，都以極沉重的心情聆聽。

萬萬料不到這個「前言」的內容，竟是歷數國民政府如何的「背叛了中山先生的遺教」、「如何的反動」、「如何的違背人民的利益」等等，只把國民黨和國民政府罵得一文不值！

接下去是說：「自從政治協商以來，本來在政治與軍事合作方面，已經成立了協議。但由於國民黨的破壞，遂致造成戰禍。……」把內戰的責任，完全推到國民黨的身上。

如果這個「前言」成立的話，那麼，從國民政府北伐以來，一直到抗戰這段歷史，都須完全重寫。國民黨和國民政府完全成了國家民族的罪人，只有共產黨才是領導國家的政黨。這何嘗像協議，分明是一篇討伐國民黨的「檄文」。

等到盧秘書長讀完了這篇「前言」，代表團的同仁們，不管是親共的、或是中立的，人人都從身上冒出來一股冷汗？連共黨份子的劉斐都說：「這太難了！」

大家到了這個時候，才知道毛澤東所說的那些話，完全與事實無關。誰也沒有功夫再去推敲「前言」，讓盧氏再向下宣讀。全文一共是八條二十四款（全文人們一定記憶猶新，這裡不再引述），首先一條的大意是懲辦戰犯。第一款，是嚴辦一切戰犯；第二款是將來各地人民可以隨時檢舉戰犯，由人民法庭依法懲治。

聯合政府獨無國民黨

以下談到「聯合政府」，當然是以共產黨為主，各黨各派除開國民黨外，都可以派代表參加籌備。國民黨方面一定要等各方面都已接收得清清楚楚，再由共產黨看實際情形，來決定國民黨可否參加籌備？從這條規定看，國民黨不但取不到平等的資格，連參加籌備的資格都沒有了。至於戰犯，在以前是提出了名單，彷彿名單上未列名的人，似乎可以法外開恩。現在則明明規定著可以隨時檢舉，而埋伏下未來的「清算和鬥爭」的伏線。

大家看到這兩條，直弄得哭笑不得，連邵力子和章行嚴都一直的搖著頭。張治中滿面失望地說：「這些日子以來，為了這兩件事，我和周恩來一直是糾纏不清，想不到經過毛先生的交代以後，書面上的東西，比口頭上提出來的還兇。」

再看下去，有關軍隊改編問題，卻規定得特別詳細。最主要的辦法，是由共產黨組織「組織管理委員會」，無孔不入的對我方予以接收。詳細的說來是所有的國軍，均應該在原駐防地自行約束官兵，整飭所有軍備、倉庫及一切物質，聽候共產黨點驗接收，不得稍有抗拒。至於軍事人員，則待查明後處理。

張治中作出三點結論

對於「軍管會」的職權，共產黨也規定得特別詳細。軍行所至，所有的地方上軍事、政治、警務、財務、稅收、法律等，統由該會主持。這樣一來，所有全中國——包括海南島，及台灣——都包括在被共方的管制之下。

對於這一條，代表團最感為難。張治中又說：「我們即使肯簽字，這一條也是萬萬做不到的。試問各地的軍政長官，他們肯這樣乖乖的把他們的武力，無條件的雙手奉獻給共產黨嗎？」

大家夾七夾八，一面宣讀，一面感嘆！枯坐著束手無策，轉瞬之間，已經到了深夜十二時左右，張治中提議大家先研究出一個答覆對方的程序，並作結論道：「第一、要看一看對方對條文有無商榷的餘地？還是只聽取對方的意見？

「第二、對於條款是由代表團與共方折衝？還是派專人送回南京去，聽候政府的指示。」

「第三、或是將條文稍作修改，即由代表團先行簽字，不管南京方面答應不答應，反正我們的任務已經達成，總算有了一個交代。」

大家七嘴八舌的討論了一下，多數人都主張，先達成協議，只有少數人堅持茲事體大，須慎重予以考慮。

說話之間，大家說做就做，馬上由盧郁文和李俊龍起草，稍加變動了一下協定文字的內容，草成了一個不三不四的對案，這篇對案原文已載於本刊的一五六期十九頁及二十頁，這裡不再贅述。

補遺之五　放棄南京與撤退上海當時

中華民國卅八年四月廿日，是中國革命史上一個重大的日子。這一天，國府最高當局經過兩天來的「高到不能再高的會議」，正式拒絕了共方提出的等於投降的條款後，大局的急劇轉變，已在人們的意料之中。在四月廿一日那一天，不如意的軍事情報，便已接二連三的到來：

和談破裂毛下令進攻

第一個情報，是山東叛軍吳化文部以及共軍的第三野戰部隊，已經陳兵長江北岸，有即行渡江之勢。

第二個情報，是江陰要塞守將戴戎光已經出了毛病，與其侄戴龍率領江陰守軍，全部投共。

第三個情報，是蕪湖荻港附近，共軍兩萬名，已實行渡江，該處駐軍待共軍過江以後，始有報告到來。顯然那裡的守軍也發生問題，更大的不幸消息，必將接踵而至。

第四個情報，乃至第五個、第六個、第七個情報，都沒有一件是好消息。這時的南京，豈止「風聲鶴唳、草木皆兵」而已！

恰在此時，共方的廣播也播出了毛澤東四月廿日所下給共軍的進攻命令。毛在命令的原文中，告訴三野和四野部隊說：

「國民黨已經拒絕了共方的和平條款，應即趕快進攻。不留一點根的，對國民黨軍隊，徹底的、無情的、乾淨的予以殲滅。」

毛澤東這道命令，的確是開了所有古今中外普羅文學命令措詞的先例，本來沒有什麼出奇的地方；但我們是「屋漏偏遭連夜雨」，在人心方面，未免因此而更增浮動。

李德隣是一位軍人，此時身為代總統，又是在大局中掌舵的人。雖然面臨了這樣嚴重的局面，在表面上他還鎮靜如常。在此同時，蔣先生為了與李代總統共商大計，特別在杭州「蔣莊」召開過一次「黨、政、軍幹部最高會議」，出席的人，除了蔣先生本人外，有李代總統、何應欽（行政院長長）、閻錫山、張岳軍、吳鼎昌、顧祝同（參謀總長）、湯恩伯

（京滬警備總司令）、白崇禧（華中軍政長官）以及現代的閣僚等人。此外，黃少谷（行政院秘書長）和我也奉邀參加。

在會議中討論的，第一件事當然是和戰大計。關於這件事，可以說所有與會的人，沒有一個人是主張求和的。連一向持重的戴季陶（考試院長），都連乎「共黨的條件吃不消！」大家一致的意見是，共黨所提的和平條件，無異迫政府「投降」，這是萬萬不能接受的。和戰大計決定以後，緊接著就是研究攻守問題，那時大家一致認為：以我們目前的兵力與士氣而言，並無採取攻勢的能力。最切實的戰略，只有憑藉長江的天塹採取守勢。

這項見解，似乎已取得了共同的結論，並無人提出異議。至於怎樣防守——南京或上海？蔣先生當時卻主張放棄南京，應確保上海地區，以保有這個國際市場與港口。

為了這件事，在會議席上曾經發生極大的爭執，有人提出政治上的理由，也有人提出兵要地理的理由，主張應守南京，但蔣先生均不為所動，最後終於是通過了蔣先生所提出來的方案。

可怕的孫文主義同盟

隨後，大家又討論到撤退路線問題，李代總統和蔣先生又發生了意見上的分歧：

李主張撤往東南，以便把東南、西南、和西北打成一片，以便造成一個英文大寫「C」形陣地。

蔣亦表示意見說：「我認為我們不如放棄東南，而退守西南地帶，以廣西、貴州、雲南及四川作為最後抵抗地帶，較有把握。」

經過這次會議後，放棄南京與退守西南，顯已成為定局。不過，未到公佈時期，尚未對外正式發表而已。

這個時期在南京發生的緊張事件，固然層出不窮，而最能構成南京人心動盪不安的，則是「孫盟」左傾份子們所進行的半公開式的顛覆政府工作。

所謂「孫盟」是怎樣的一種組織呢？應該先行說明一下：當我出任內政部長時期，南京的少數投機份子，包括立法委員、政府現任官員、富商巨賈、退伍軍人以及青年學生等，共同發起了一個「孫文主義同盟」的組織，向內政部呈請立案。這個組織，由於他們所標榜的孫文主義題目正大，而且在內容方面，主要是闡揚孫文主義的學說。所參加的人，計有立法委員許聞天、劉不同（外號劉大炮）、張醒華及司法行政部政務次長楊玉清等，沒有理由不批准他們的立案。誰知，這個組織竟完全是共黨的間諜機構。原來，在國共開始鬥爭時期，上述那些對政府心懷不滿的人士，在高呼「應變」的口號下，他們所做的功夫，完全是為了「迎變」的打算。根據他們的想法，政府和中共雙方，對於孫文主義的研究，都不致提出反對的意見，所以，他們才發動了這麼一個組織。

憲法程序救了許聞天

組織成立之後，在最初對外掩護得非常嚴密，除了研究孫文主義學說以外，決不涉及其他。待到南京一進入黑暗時期，他們的狐狸尾巴就逐漸暴露出來了。先是高唱「和平」口號，響應共方的號召；繼則替共黨特務機關擔任著勾結我方軍隊「起義」的工作。

在這個組織開始呈請立案時，正是我方民主自由口號高唱入雲之際。當時內政部除批准他們登記外，一方面即派我方的工作人員加入該盟工作。所以，對於該盟的一切活動情形，我方均瞭如指掌。有一天，該盟約好了一個國軍某部隊的代表，在某地秘密談判，由負責

「孫盟」的立法委員許聞天親自出馬。治安機構因為有了內線，計算好了時間，就在他們交易將近成功，雙方交換文件之際，當場闖入，加以逮捕。由於證據確鑿，許等均束手被擒，無話可說。治安機關辦了這個案子後，馬上把他們解往上海，予以扣押及審訊（筆首註：那時京滬衛戍總司令部是設在上海北站附近）。

治安機關這個時候忘了循憲法程序，因為逮捕立法委員，必須事先取得立法院的同意（或者由於許聞天在當場未透露真實姓名，或者是辦案人根本不曉得這項法律手續）。這件事由於這一小小漏洞，立即引起立法院的強烈反對，遂使已經被捉入網內的大魚，又脫網而去。

事件的經過是：立法委員劉不同、張醒華等那些「孫盟」份子，獲知這個消息後，立即聯絡立法院同仁，向行政院何院長提出正式抗議。

何敬之原是一位奉公守法的好好先生，他雖是軍人出身的閣揆，但絲毫沒有軍人的火氣。接到立法院的抗議後，馬上下令湯總司令，對許聞天等立予釋放。

公然召開「地下大會」

湯恩伯知道這是一件叛國案件，而且是當場破獲，一切罪證齊備。但他也不敢戴上違憲這頂帽子。許等被釋後，餘人還想藉此掀起風波，但許、劉、張等大家心裡有數。所以，許向立法院作案情陳述時，曾經表示願大事化小，小事化了。他告訴立法院同仁說：

「這完全是誤會，因為軍警人員不明瞭他的身分，才加以誤捕的。」

經過這次風波後，「孫盟」的活動，等於進入「半公開」狀態。我方的軍警治安機關，看著他們活動，眼睜睜地不敢過問。

據我所知，江陰要塞的「陣前起義」以及荻港我軍的投共，都是「孫盟」人員的拉攏成績。

等到和戰局勢一經明朗化，「孫盟」同志的活動，更加活躍起來。四月廿一日晨，許聞天、劉不同、張醒華、楊玉清等特別召開了一個有聲有色的「地下大會」。參加的人，大都是「孫盟」的地下工作同志。照他們的報告中透露：首都沿江一帶所有的軍隊，他們都有了接洽，和埋伏下了許多地下力量。只要共軍的武力一伸入長江，所有的地下部隊，即可全部的鑽了出來，完成他們的「起義工作」。

「孫盟」的人，對於軍事的看法，完全站在共黨立場，抱有相當程度的樂觀。他們認為：只要我方的「起義」人員一表示態度，他們馬上在共方可以取得「坐地分贓」的優勢。他們那裡曉得，共黨講求的是「利用價值」，當共黨軍隊到了可以控制局面時，那裡會考慮這些靠攏的力量！

湯恩伯說守得住上海

當時首都附近的情況，我方雖尚擁有數十萬大軍，但在人心方面，由於「孫盟」工作人員的煽動，已完全解體。彼時的人誰也不願意說一個「留」字，凡是說「留」的人，都是準備靠攏和等待「觀變」的人。

在那裡大撤退中，李代總統和何院長，都去了廣州，我為了協助上海防守戰，曾到上海見湯恩伯。湯曾拍著胸脯對我說：「上海一定守得住，至少守半年是絕對的沒有問題。」

湯那時所直接指揮的軍隊，約有三十萬之眾，從各地區撤退下來撥歸湯臨時指揮的，也有三四十萬人。在人數方面，足以阻遏共軍的攻勢而有餘。

在經濟方面，關於軍民的食糧問題，不但陸上的交通，不容易切斷；就是被切斷了，也還有海上的供應，可以維持。

在政治方面最糟糕，上海這個大都市，可謂獨得風氣之先，西方人學民主，是在民主方式中更能發生團結作用。而中國人的學民主，是越表示越民主，越顯得鬆懈。

共黨在上海方面，地下工作做得特別認真，所有上海各機關，都接到了共黨地工人員的通知。在報館方面，共黨要他們停止替國民黨作宣傳工作；在機關方面，共黨要他們保存物資，不准破壞；在公營事業方面，如植物油廠、中國紡織公司等，中共方面早已分佈好了他們的地工人員，叫他們負責人早作攜帶物資靠攏中共的準備。

當時資源委員會主任委員孫越崎，早已有了向共方靠攏的打算，有關該部門的物質，他均下令不許移動。蔣先生下令把中央銀行的黃金運往台北，那時也有人提出反對。他們的理由是：「這樣會影響心人！」如果有人對他們加以辯白，他們又振振有辭的說：「為了要表示政府堅守上海的決心，所有上海的東西，什麼都不准移動。」

對於上海保衛戰，我政府雖然一再表示決心防守，但在一般人心方面，則大都抱著向敵人投降的心理，沒有絲毫信心。壞消息更是一天接著一天的來，四月二十四日太原忽告陷落，那裡空留下五百完人的史蹟，除了太原城的守軍而外，並無一名主要的人物光榮殉職。

古人有句云：「四十萬人齊解甲，更無一個是男兒。」觀此良信！

不戰自亂國軍棄上海

在上海方面，最奇怪的一件事，是在我軍控制下居然有「地下報紙」在市面出現。在四月二十四日出版的《上海人民日報》上，有一條消息，說劉不同、周一志等人的靠攏，是一種陰謀，他們都是屬於國民黨的特務。從這個消息看，可見共黨根本沒把劉不同等人放在眼下。

四月二十五日，蔣先生為振作上海方面的人心，曾在象山港登上了「太康軍艦」，二十六日駛到了吳淞口。太康軍艦經過吳淞口時，那裡的守軍已受共軍的收買，發生了叛變行為。蔣先生的座艦在冒叛軍的彈雨之下，終於當日進入了上海港口。

蔣先生到了上海，立即分別召見團長上以上軍官勉以大義，要求他們奮勇抗敵，以盡軍人天職。湯恩伯、陳良、谷正綱、方治等，都親承蔣先生的領導，發揮了上海保衛戰的作用。五月初旬，各將領在蔣先生的感召之下，在上海外衛很打了幾次勝仗。只迫得陳毅不住向毛澤東請援。戰事發展到五月二十日左右，國軍是愈戰愈勇，敵軍大有不支之勢。

在此同時，敵方的地下工作人員，卻盡量的發揮了作用，使我方的民心士氣，大受影響。五月二十五日，龍華的毛桃守軍，突然叛變。堅固的上海防線，有了這個大漏洞，局勢便立刻發生了嚴重的變化。這時的國軍，只好退守至蘇州河一帶。到了五月二十七日，國軍不戰自亂，終於放棄了上海。

上海戰事結束後，國軍便打算在大庾嶺一帶構成第二道防線，但在此時，霹靂一聲，湖南出了岔子，程潛和陳明仁都投向了共黨陣營。

我於上海將次淪共前夕，搭乘最後一架專機，偕同陳良、方治等撤退，飛到了廣州郊外的白雲機場。

那時，正當何內閣改組，由閻百川先生奉命組閣，閻曾邀我入閣，但我在心灰意懶之餘，已無心過問政治，加以婉謝。在廣州住了沒有幾天，就到了香港。以後所述，已如本刊一五六期文內所載，不再重述。

第二部

牧邊瑣憶：十大錯誤檢討彭昭賢先生

盛世才　著

一、從南京到新疆

我於民國十八年六月間離開全國政治中心的首都南京，遠去荒涼的塞外新疆的動機有兩個：

第一個動機是為了開發邊疆，建設邊疆和鞏固邊疆；

第二個動機是了新疆接近蘇俄，有機會看看第一個社會共產主義國家的實際情形。因為當時我也是一個被馬克思主義錯誤理論所迷惑的青年人之一，所以極願看看根據馬克思主義理論建設蘇俄的實際情形如何？以及所謂世界革命導師的史大林是怎樣的領導世界革命？以便決定我一生的信仰。

所以說，動機雖然是兩個，而願望只有一個，那就是仗我能夠就近看看蘇俄的一切實際情形，以決定我一生的信仰，那麼結果是如何呢？我的回答是寶山未空入，收獲是非常的豐富而輝煌的。就大的項目說來，那就是：

第一、我以六大政策的親蘇政策應付蘇俄，才能夠始終的保障了中國西北邊陲廣大領土的完整（新疆佔整個中國領土六分之一）；

第二、我憑藉蘇俄紅軍的援助，消滅了受日本法西斯軍閥指使的馬仲英的侵略力量，粉碎了馬仲英企圖在新疆建立「回教國」的野心，並打擊了日本法西斯軍閥們，利用馬仲英建立「回教國」以封鎖中國西北國際交通路線，以便更易於吞併中國的企圖；

第三、就是在我史大林和毛澤東的十年直接鬥爭中，使我徹底認識清了蘇俄的實際情形。什麼實際情形呢？那就是在各期五年計畫中，軍事建設雖然有進步，但由於馬克思主義缺少了一個建設社會主義國家的藍圖，所以工業生產力和農業生產力始終是落後的；而更由於農業生產的始終欠收，導致每年有許多人民死於飢餓，使我真實的認識了史大林領導世界革命政治總路線是錯誤的。

史大林不知道用馬克思主義理論以爭取馬克思主義在全世界的勝利，而對新疆抱有領土野心，於是新疆的對蘇政策，由親蘇而反蘇；使我的思想由信仰馬克思主義而信仰三民主義；也就是把三民主義理論，特別是把三民主義哲學基礎的「民生哲學」的正確理論，作為我一生的信仰。同時，由於蘇俄和共匪，仍然繼續不斷的，對新疆實行滲透顛覆工作。於是我終於民國卅一年（一九四二）十月五日，向史大林攤牌，要求蘇俄駐哈密的紅軍，及探採錫礦人員，並所有各機關的蘇俄顧問、專家們，各部隊裡的教官們，一律限期在三個月內離開新疆。雖然在開始時史大林對於新疆的這一要求的反應是驕悍蠻橫，而不加理睬；接著又由蘇俄的外交部、國防部加上史大林自己等三方面以太極拳的方式來敷衍新疆，但最終史大林在新疆的強硬交涉下——新疆挑選了各民族壯丁，進行組織十萬游擊隊，和迪化日夜挖掘防空洞以表示不惜一戰的決心，並利用反間諜工作，使蘇俄駐迪化總領事普式根認為交涉再拖延下去，是可怕的——完全接受了新疆的要求。於是新疆人民勝利了，於是史大林對新疆的十年夢想，一旦付諸流水！

假如當時史大林能夠閉門反省思過時，以史大林的過人聰明，自然會理解到他領導世界革命在原則上所犯的錯誤是在什麼地方了。惜乎史大林自命不凡，不肯反省思過，乃至死不悟。

民國十八年，雲南和四川兩省，都有意請我到他們那邊去辦教育，即充當講武堂教育長。因為滇川兩省在人事方面，都與我有些淵源，當時假如新疆去不成時，可能到滇川兩省去。

我與雲南的淵源來說，我過去是由廣東省韶關滇軍講武堂分校畢業的，當時的校長就是粵贛湘邊防督辦李印泉（根源）兼充的。如果我到那邊去，自然有很多的雲南講武堂同學，在作事方面不僅方便，且當無寂寞之感。

至於我與四川方面，亦有淵源。過去當民國十一年奉直兩軍尚未展開大戰的時候，東北當局為了爭取四川方面劉湘，和長江上游總司令孫傳芳兩方面的合作，預期獲得勝利起見，乃由第二旅張漢卿（學良）和第六旅郭茂辰（松齡）兩旅長，向當局推薦我到重慶方面聯絡劉湘，和宜昌方面聯絡孫傳芳；不過主要的是聯絡四川劉湘，因為過去郭茂辰將軍服務四川時，和劉湘是老同事。

在臨去四川前，由張漢卿旅長帶我進帥府，晉見張雨帥（張作霖字雨亭）請示機宜，當時是在張雨帥臥房見面的，張雨帥坐在一張大床上，到床前我向雨帥行禮後，雨帥即命我坐下；當時在床前僅有一把椅子，我看了看張漢公，於是雨帥說：「教他站著，你坐下！」我不得已坐下了。雨帥就說：「你是郭茂辰的學生？」我說：「是的。」然後雨帥說：「你這次去的任務是很重大的，所有應該對你說的話，你們旅長已經和你說過了。不過路程遙遠，沿途不好走時，不要勉強，如不好走，你就回來，不要冒險前去！」張雨帥說最後的幾句話，真是猶如家人父子一樣的親切，乃使人雖冒險亦必須前去。

張雨帥面目清秀，對人親切，是北方人而南相，身材短小而精悍；惜乎他的思想跟不上時代，假使有學識的話，則其一生事業當更為輝煌。古人說，人之一生，蓋棺論定，由日本因為總司令有病，看他見不見你。」王回來說請代表到上邊客廳坐。我進去坐有五分鐘，孫馨帥就進來了，他問我：「有什麼事？請說！」我當時看情形不對，乃說此次奉軍不幸打了敗仗，但是東北乃進可戰，退可守的地方，而直軍只能夠追到山海關為止。方今天下大勢，乃正是各方面群雄逐鹿中原的時候，以馨帥的學養、名望，將來亦是逐鹿中原之一人。東北地大物博，兵強馬壯，凡有意逐鹿中原之人，將來借重東北的地方尚多，也就是借重張雨帥的地方尚多。談到此處，我看孫馨帥已把古板而冷酷的面孔，一變而為和顏悅色了，他問：「你是什麼學校畢業的？」我說：「我是上海吳淞中國公學專門部政治經濟科畢業，畢業後又留學日本，在留學期間由東北遼寧省同鄉會選舉我回國爭青島交涉，又參加上海全國學生聯合總會；後來我又棄文學武，考入廣東省韶州雲南講武堂分校，當時的校長是粵贛湘邊防督辦李根源兼充的，我是李根源的學生。」他說：「你是文武雙全之才。」我說：「不敢當。」他又問：「你還有什麼話說？」我說：「以我個人來說雖然是一個微不足道的人，但由於我是張雨帥的代表，所謂我個人事小，而得罪張雨帥之事大。在中國多事之秋，正由於馨帥是有志於天下事，似更無得罪張雨帥的必要。」談到此處，馨帥對我的態度就更覺親切了，於是他說：「好了，你回去休息吧，要少出門，我負責保險把你平安的送到上海。我要安排安排，你明天晚間動身。」第二天晚八時，來人請我到總部去，我到總部門房時，就遇到馨帥的一個參謀，他說他奉命把代表送到船上去，我說要向總司令辭行，這參謀說總司令說過不必辭行，我們要趕快上船去。於是我們坐上汽車，放下車簾子就走。這參謀把我送到一艘日本船上，而日本船長又把我位置在船長室內，就開向漢口去。到漢口後，曾有蕭耀南的軍隊上船檢查，但並未檢查船長室。待檢查後，船長說尚需要換船，我謝謝船長，於是又把我送上個開往上海的日本船上，仍然住在船長室內。到上海後，又買去天津的船票，到天津下船，轉道山海關，始知道張郭兩旅長正由前線向山海關退卻中。於是我就先回到瀋陽等候他們。以上就是我與四川的一段淵源。

當時（民國十八年）新疆省主席金樹仁，曾派有代表魯秘書長效祖在南京辦事，新疆是我最希望去的理想地方，於是經國民政府秘書彭昭賢向魯代表介紹我去新疆。我和魯代表晤面後，彼此相談甚好，魯認為我是一個理想的軍事家，如去新疆，則將來定大有造於新疆。於是魯乃特電金主席，並將我的簡明履歷在電文中敘明，向金主席介紹我到新疆去。魯認為當時的新疆乃正當整軍經武之際，而金一定會歡迎我去；但結果是被金拒聘——金認為只要聘請一位初級軍事人才就可以，不必聘請由日本陸大畢業的高等軍事人才，致無法位置。魯接電後很生氣，於是乃向金辭職，請另派賢能。而金是很知道魯的為人，於是不僅回電慰留，而且遵照魯的意見聘請我到新疆去，於是拒聘的一場波折乃告平息。當一切都決定後，

二、乏馬塘戰役

我國的西陲——新疆，在清季同光年間，已成為英、俄帝國主義所覬覦的對象，當時，滿清政府因沿海防務告警，無力兼顧西陲，於是廊廟卿相以及督撫大臣，都有主張放棄關外之地的。以身負重望且熟諳「洋務」的直隸總督李鴻章，於同治十三年所上奏的籌辦海防一疏，曾建議說：「近日財用日絀，人所共知，欲圖振作，必統天下全局，通盤合籌，而後定計。新疆各城，自乾隆年間始歸版圖，無論開闢之難，即無事時歲需兵費尚三百餘萬，徒收數千里之曠地，而增千百年之漏卮，已為不值。且其地北鄰俄羅斯，西界土耳其、波斯各回國，南近英屬之印度，外日強大，內日侵削，今昔異勢；即勉圖恢復，將來斷不能久守。喀什噶爾回酋，新受土耳其回部之封，並與俄、英兩國立約通商，是已與各大邦勾結一氣，不獨伊犁久踞已也。揆度情形，俄先蠶食，英必分其利，皆不願中國得志於四方；而論中國目前力量，實不及專顧西城，師老財竭，尤慮別生他變。曾國藩曾有暫棄關外，專清關內之議，殆老成謀國之思。……」如果照李鴻章的建議，那末，在九十年以前，新疆早非我有。

而這一邊陲地迄今尚能保持於炎黃華胄之手的，胥賴當年另一雄才大略的疆臣——陝甘總督左宗棠堅決反對李的意見，他所上奏的確保新疆一疏，說：「重新疆所以保蒙古，保蒙古所以衛京師，新疆不固，則蒙部不安，匪特陝甘山西各邊，防不勝防，即直北關山，亦將無宴眠之日。……」憑他銳利的眼光和魄力，左氏不惜以將近古稀之年，輿櫬出關，率部敉平回亂，並從俄帝傀儡的手裡收回伊犁，這樣，不但挽救了當年新疆的危機，也確保這一西陲重地，迄今尚未版圖變色。

可是，多事的新疆，一波未平，一波又起，在左宗棠平定回亂後不久，日本帝國主義者於光緒二十年甲午一役戰勝我國後，崛起東亞，他的國策是：「欲征服世界，必先征服支那，卻征服支那，必先征服滿蒙……」新疆和滿蒙既有不可分的關係，所以征服新疆，也就成為日本國策順理成章的一著，於是，從光緒二十年到民國二十年，這三十多年間，新疆成為俄、英、日三國角逐的「鬥獸場」，蠶食、鯨吞，百出其技。而在民國二十年左右，代表日本帝國主義者出面來侵略新疆的就是甘肅回匪馬仲英。

在我民國十九年去新疆之前，馬仲英已經在東疆擾亂了一段時期，他的部隊雖是烏合之眾，卻很勇敢善戰，當年的新疆督辦金樹仁被他弄得焦頭爛額。唯其如此，金氏才派他的秘書長魯效祖到南京來延聘我去新疆佐助他剿辦馬逆。我到新疆後，金先委派我擔任督辦公署的參謀主任，官階少將，其實，官階的大小對我倒無所謂，我的志願是在做大事，而不在於做大官。金樹仁聘我到新疆去，既是為著削平叛亂，當然我也極願在這一方面有所貢獻，才不虛此行，同時，才不負金氏對我所抱的希望。因此，我到迪化後，第一步先將新疆全省的兵要地理和馬仲英各部的戰法，作一番徹底的研究，以備一旦率軍進剿時，才不至臨事周章，勞而無功。

民國二十年初，馬仲英復率部圍攻哈密，整個東疆的局勢危急萬分，我於是年八月奉命出任東疆剿匪總司令張培元的參謀長，並草擬作戰計畫，所部兵力共六千五百人，匪軍則只有三千五百人，雙方鏖戰達一星期之久。乏馬塘一戰，才將匪軍全部擊潰，東疆轉危為安，茲將該戰役經過情形分述如下：

圍困哈密匪軍的背景，乃是日本法西斯軍閥，為了容易滅亡整個中國起見，遂策動並指使甘肅回族馬仲英，到新疆建立回教國。其企圖是以回教國的力量，遮斷中國西北國際交通路線，俾便日本法西斯軍閥併吞中國。

包圍哈密的匪軍共有三千五百人（回軍三千人，維軍五百）。據我當時的情況判斷以匪軍圍困哈密已有半年之久，但其兵力並無增加，這足證明：一、馬匪仲英似將甘肅老巢的人馬空群而出，難期有源源接濟之援兵；二、該匪和甘肅有力量回族馬步芳及馬鴻逵等，似無聯繫。

除哈密區被匪圍困外，其他各區尚無匪軍竄擾情形。因此，我呈請金督辦兼主席密令各區行政長、駐防部隊長及警察局長等，密切注意各本區治安問題，如果發現有造謠生事，及有為哈密匪軍宣傳者，應即一面嚴加追究，一面呈報督署省府。

新疆人口約四百萬人，回維兩族佔全人口百分之七十強，而漢族乃屬少數民族。因此應講求政治策略。其犖犖大者有四：第一，新疆省政府必須強調對待各民族一律平等；第二，准許人民信教自由；第三，宣告省軍剿匪，乃為各民族平亂，使各民族人民能過太平生活。故軍隊紀律必須嚴明，秋毫無犯。且應尊重各民族之風俗習慣，以爭取人民對省軍之信仰。相反的，由於馬部回軍，軍紀不良，尤其不尊重各民族風俗習慣，如亂入民宅，對婦女實行非禮，其結果必遭受各民族，尤其是回、維兩族的厭惡；第四，省政府必須強調新疆乃各民族的新疆，而其領土乃是中國的一省。絕對不允許有地方民族主義的色彩，尤不許有建立所謂「回教國」之妄想，對於日本法西斯軍閥力量的可能侵入新疆，尤應嚴予防範。

作戰計畫

（一）作戰方針

本軍的任務，為增援哈密。一方面迅速解哈密之圍，俾被匪圍困的軍民，恢復自由的正常生活，另一方面需消滅匪軍主力，肅清東路匪患，以安定民生為方針。

（二）作戰指導要領

（一）估計匪軍，在援哈軍未抵達哈密前，將以一部圍城，以其主力迎擊省軍。

（二）設匪軍以主力迎擊省軍，則我軍應沈著應戰。一方面應視匪軍的戰法如何，然後針對其弱點。設匪軍採取正面衝擊戰術，即一層一層的，像水波浪似的，不斷由正面直衝的戰鬥方式（匪過去慣用此戰法以獲勝利），則我軍即需要一方面採取縱深配備，並將機關槍及高級步槍射手位置在第一線，以應付匪軍來自正面衝力，另以有力一部由一翼包圍匪軍，以減弱其正面的不斷衝力，待其正面衝力疲竭時，則我軍即以正面反衝力，及一翼包圍之方式，各路剿匪軍在互相協力之下殲滅敵人的主力。再則如匪軍不採取由正面不斷的直衝戰法時，則我軍除留有較大的總預隊外，應以一部應付正面之匪，各以有力一部由兩翼包圍匪軍而消滅之。

（三）如匪軍不前來迎擊省軍，以逸待勞，在哈密附近和省軍決戰時，則我軍即電令哈密守軍，以主力相機出城，預期和增援軍前後夾擊匪軍，而殲滅之。

（三）乏馬塘戰役

援哈省軍由迪化出發，經過阜康、孚遠、奇台、木壘河、七角井於到達乏馬塘後（七角井和瞭墩之間），即與匪軍發生遭遇戰，當時我方略知匪軍展開的態勢，乃以其主力置於右翼山口處，居高臨下，以包圍壓迫我軍之左翼。當時我軍為針對匪軍態勢，乃以第二路劉指揮所部向匪軍右翼主力進攻，並以歸化軍巴指揮所部歸化三團騎兵，跟隨該路左後方前進，作為增援之用。以第三路福指揮所部向匪軍正面進攻。以第一路張指揮所部向匪軍左翼包圍，以鋼甲車沿大路前進，威脅匪軍之左翼。以第四路阿指揮所部和奮勇隊孟大隊長所部為總預備隊。匪我兩方展開戰鬥後當戰況至為激烈之際，匪軍突由右翼山口衝出黑馬隊騎兵約五百餘人（當時匪軍有黑馬隊，有黃馬隊，有白馬隊等，而黑馬隊係馬赫英所率領），企圖壓迫包圍我左翼部隊。我歸化軍即乘馬以千餘人的優勢騎兵，迎擊匪軍的黑馬隊，敵軍見我軍以優勢歸化騎兵迎戰，遂急退回山口，於是敵全線發生動搖，然仍能一度發動猛攻後，始行退卻，於是我軍即乘勢追擊。當時馬仲英腿部似已負傷，已先行逃回哈密。此次戰役匪軍傷亡三百餘人，我軍傷亡二百餘人。

（四）哈密解圍

當我軍跟踪追擊到哈密時，馬匪已率部向甘肅省逃竄。維匪和加尼牙孜亦率所部向山中逃竄。據哈密居民說，馬匪仲英腿部負傷係屬實情，由四人抬著他走。張總司令培元當即派人向躲藏於山中之維匪招降，匪首和加尼牙孜等經勸諭後，曾親來哈密晉謁張總司令，聲言向省軍投降，並請求轉懇金督辦寬大赦免，於是哈密解圍戰告一段落。

三、我怎樣被選為新疆臨時督辦

檢討彭昭賢先生十大錯誤

前內政部長彭昭賢先生，以「政海浮沈話當年」為題的自傳，於年前連續登載於香港《春秋》雜誌，其中第一四八、一四九、一五〇、一五二等四期裡，第一四八期的大標題是：「盛世才是怎樣崛起新疆的」，內容寫（1）雲南新疆皆來邀聘；（2）樊耀南殺害楊增新；（3）金樹仁乘機奪政權；（4）攻哈密盛世才出頭；（5）白平鼓托擁盛上台。第一四九期的大標題是：「盛世才與汪精衛新疆鬥法記」，內容寫：（1）黃慕松事敗遭軟禁；（2）蔣先生促我赴新疆；（3）羅文榦走後起風波；（4）向蘇俄代表下說詞；（5）俄援空軍立解城圍。第一五〇期的大標題是：「東北義勇軍繞道俄境返國秘史」，內容寫：（1）七萬五千人退抵新疆；（2）張大同將軍話當年。第一五二期的大標題是：

「盛世才在新疆忽左忽右之謎」，內容寫：（1）收編義勇軍聲勢頓增；（2）不要走「不得了」的路；（3）光怪陸離的鬥爭口號；（4）盛世才覺悟大義滅親。

以上這些篇文章的內容，多犯有政治錯誤。有的是故意攻訐，有的是公開扯謊，有的存心誣陷，有的造謠生事，甚且公然偽造文電。這些錯誤，有的是不應該犯的，有的是無扯謊之必要，有的是無假造之必要，有的對老朋友不應該造謠誣陷。以彭先生當年之學識經驗來論，均不應該有這些不智慧之事。這或者是由於年老（彭先生已是年將近八十歲的人），精神錯亂和神志不清之所致。今提筆檢討故人，不甚禁感慨萬端！原擬置之不理，不過因彭先生曾為國家大員，特別因為他是我到塞外新疆去的介紹人，為了對研究新疆歷史的人們負責起見，只得抽暇對之加以檢討糾正，以正視聽，而符史實。因為歷史是不允許歪曲的，而歪曲歷史，是難逃春秋之筆的。

刊載在香港《春秋》上的這些文章，雖然是寫的「彭昭賢口述，凌雲筆記」，但筆者不怨提筆記者凌雲先生，其原因是因為口述者應負文責，同時，筆記後全文仍需要交口述者看一次，始能送出登載，所以筆記者是沒有責任的。

現在開始檢討彭昭賢先生十大錯誤。

第一四八期的大標題，是所謂「盛世才是怎樣崛起新疆的？」

彭先生在所謂「雲南新疆皆來邀聘」這一段文內，犯有兩個錯誤。

第一個錯誤，彭先生在文中說：「彼時，『雲南王』龍雲上台不久，為了整頓內部，他想要在中央物色一個優秀的軍事人才，去主辦軍學教育。……我覺得盛世才非常合適，……想不到就在這個時期，新疆邊防督辦楊增新，也正派有代表來京述職，……據這位代表說，他未到南京來以前，楊增新曾再三的叮囑，到京以後須物色一位軍事人才到新疆來，……因此，他也再三的託我替他留意適當人選。我自然又想起了盛世才，並且也和盛交換過意見，……於是，盛氏便決定接受楊增新的邀請。」

在這一段文章裡，彭先生因年老神志不清所犯的最大錯誤，是他竟把當時的新疆邊防督辦金樹仁誤記為是楊增新將軍。一則，因為民國十八年彭先生介紹我到新疆去，是向當時的新疆邊防督辦金樹仁派到南京辦事的秘書長魯效祖介紹的，而彭先生竟這樣的健忘，誤認為是向新疆邊防督辦楊增新的代表介紹的。二則，因為楊增新將軍，是在民國十七年七月七日，被樊耀南刺死的。在新疆有所謂「七七紀念」，是紀念楊督軍逝世的日期；有所謂的「七七事變」，是指樊耀南刺殺楊增新的事變而言的。

第二個錯誤，彭先生在文中說：「我當時所組織的那個「唯生學社」，原含有求生存和進步的政治意義在內。盛世才是一個軍人，他居然參加了這個組織，由此可見其志不凡。」

查此段文章內容，是彭先生因為年老精神錯亂，所作的無扯謊之必要而所犯的錯誤。因為當時本人雖然無事即去楊將軍巷（彭先生住處）和彭先生晤談，或談論國家大事，或談論我個人前途的私事，但從不知道彭先生有一個「唯生學社」的組織。而彭先生所說，「他居然參加了這個組織，由此可見其志不凡。」，這乃係彭先生扯謊。一則我當時雖然尚未參加共產黨組織，但我已確信仰馬克思主義，故決無有參加其他反對馬克思主義理論的小組織之事；二則我當時深知道彭先生乃是一個反對馬克思主義的人，是主張唯生論的人，當時他向我透露過，所謂唯物論和唯心論，是均有所偏，惟有唯生論才是對的；三則在「盛世才是怎樣崛起新疆的？」本文筆記者凌雲先生，在該文引言中說：「自該社（指唯生學社）組成後，社員人數與日俱增」。這樣看來，假如筆者真的參加了唯生學社的組織時，則筆者當新疆邊防督辦後，則定有唯生學社的社員到新疆去作事，但始終並無一人到新疆去找我，這亦可以證明了筆者當時並未參加該學社的組織。

所謂「樊耀南殺害楊增新」，所謂「金樹仁乘機奪政權」，這兩段文章內容，多有互相關連之處，所以合併加以檢討。此兩段文章內容錯誤實在很多，只得擇要加以檢討。彭先生說：「范耀南認為謀殺楊的時機已成熟，某日，遂特別備了一桌酒席，在外交特派員公署裡請楊赴宴。」彭先生又說：「此時，金心裏已經有數，他立即調集省政府的大隊衛隊人員，用迅雷不及掩耳的手段將范的住所重重包圍起來，接著便在裏面一陣搜索，果然在寓所後園的花台上，赫然發現楊和他隨從人員的屍體。……金一面下令把范逮捕，立即解押至督辦公署；一面宣佈用政務廳廳長的名義暫時代理新疆省主席，同時則宣佈范耀南罪狀，將他送交法院辦罪。」

查彭先生所說的這兩段話，乃是道聽塗說，多半是錯誤的。事實上，樊耀南殺害楊增新的過程，及樊的被打死，並金樹仁能夠當督辦兼省主席的情形是這樣的：一則樊耀南請楊吃飯的地點，並不是在樊的特派員公署，乃是在新疆法政學院；而被邀請的客人並不是一桌，乃是數桌的大宴會。由於樊請客的名義，是參加法政學院學生的畢業典禮，而所請的客人除楊督軍外，還請各廳道及各機關首長，並有蘇聯駐迪化總領事。當時政務廳長金樹仁曾來參加宴會，不過吃了幾個菜後，金即向主人辭行了，說因為有要公，需要先走。因為樊堅請金吃完再走，當時楊曾幫助金說話，說他每次參加宴會，全是吃幾個菜便走的，你就允許他先走吧！迨金走後不久，樊耀南知道楊之衛隊官兵全都喝醉了，即以擲酒杯為號，而刺客即開槍向楊射擊，當時楊曾大聲說，我死了不要緊，你們不要把新疆大局弄亂了！當時一片混亂，所有客人都紛紛向各處逃避。樊看楊已死，乃帶些同謀之人，往將軍衙門去，迨進入了三堂，而三堂之門已被人反鎖上了。當時樊等雖然已拿到楊督軍大印，但出不去三堂。在樊等正企圖破門而出時，金廳長樹仁乃號召將軍衙門衛兵隊為楊報仇，於是在金的率領下到三堂將樊耀南等逮捕，當時在人心憤怒的情勢下，即將樊及隨樊入三堂的重要人們，均活活的打死了。接著，金廳長樹仁即召集各廳道開緊急會議，並報告為楊督軍報仇及打死樊等的經過；各廳道以金廳長處理妥善有功，即公推金當督辦兼主席。此係民國十七年七月七日事。

此外彭先生又說：「金樹人上台後，由於他在中央素無支援，遂透過盛世才的關係，派了兩名代表到南京來找我。……依照金樹人之意，他除了當省主席外還希望兼邊防督辦。」

這一段記述，又是彭先生故意扯謊，事實上並無其事。因為本人係民國十九年年底抵新疆，而這時金督辦兼主席早已由中央正式任命了。

所謂「攻哈密盛世才出頭」，及「白平鼓托擁盛上台」這兩段文章內容，雖然都是彭先生的道聽塗說，但因為兩段的謊言先後有聯繫，故一方面需要合併檢討（不過雖然檢討，仍屬片段，使讀者難明真相），另方面必須將過去援哈密軍的「乏馬塘」戰役後，直到爆發四月革命之間的八個問題，都簡明的加以敘述，才能夠使讀者，特別使研究新疆歷史的人們，得知來龍去脈，明白真相。

例如「攻哈密盛世才出頭」的這一段文內，彭先生說：「不久金樹人奉到中央命令，對於哈密這個地區準備推行『改土歸流』政策，下令把哈密正式改為縣治，並派出縣長去執行職權。哈密王認為金樹人的這種措施，是要消滅他的傳統勢力，遂在哈密發動叛亂，正式宣佈獨立，不接受中央的命令。金樹人迫得要憑武力解決，立即派他的弟弟率第一師對哈密王實行討伐。想不到這一師軍隊，和哈密王的部眾剛一接觸，即狼狽的敗退回來。金在此種情況下，迫得陣前易帥，改派盛世才指揮第一師，將全師之眾，重加整補後，再次對哈密王實行反攻。也許是由於盛世才的指揮得宜，或是由於運氣好，一次會戰下來，就將哈密王的武力完全擊潰，聲威大振。」

查上文中彭先生所述的最後一段，完全是道聽塗說，並非事實。一則金督辦並無派其弟弟率第一師討伐哈密王之事；二則本人亦無有被派指揮第一師之事。

又例如「白平鼓托擁盛上台」的這一段文內，彭先生說：「白平鼓托對於金的出走，並不加以阻止，但卻於金出亡之後，立即佔領了督辦公署，通電歡迎盛世才回省主政。盛所指揮的第一師，於接到白旅長的擁盛通電後，也一致對盛表示擁護。盛氏便是在這樣的局面下，輕而易舉的取得了新疆邊防督辦的高位。」彭先生又說：「白平鼓托最歡迎的是新疆內部有事，以便從中取利。自經盛氏派人前來連絡，可說一拍即合，他馬上答應盛世才，在迪化省城防務空虛時期，由『歸化軍』舉起反金的旗幟，先替范耀南報仇。」

查彭先生所說的這兩段話，完全是存心誣陷，造謠生事。茲檢討如下：一則所謂白平鼓托擁盛上台，乃是完全扯謊；二則彭先生說：「白平鼓托對金的出走，並不加以阻止，但卻於金走後，立即佔領了督辦公署。」此係道聽塗說，查金督辦的出走，是因為歸化軍攻進三堂，而金督辦的衛隊乃一面抵抗歸化軍，一面掩護金督辦夫婦逃走。三則所謂「白平鼓托通電歡迎盛世才回省主政」事，因為四一二革命時，本人並未在哈密，乃在距省城九十里的烏拉伯等候歸化軍一同赴南疆剿辦回匪。由此愈足以證明彭先生的扯謊。彭先生又說：「自經盛氏派人前來和歸化軍連絡，可說一拍即合」，查在四月革命前，白平鼓托是率領歸化軍始終跟隨我在哈密剿匪，我何能派人到迪化和白平鼓托連絡。由此又可以充分證明彭先生的扯謊和誣陷。

關於以上所謂「攻哈密盛世才出頭」，及「白平鼓托擁盛上台」的兩段文章，雖然加以檢討，但必須閱著「乏馬塘」戰役後，直到爆發四月革命這段時間的八個問題，始能完全明白真相。

至彭先生另外在所謂「白平鼓托擁盛上台」的這一段文內又犯了一個最大的錯誤，彭先生說：「盛氏為了要取得中央的承認，於上台之時，特地把新疆事變經過，頗詳盡地先給我來了一封電報，同時還鄭重的託我設法在蔣先生面前替他講話。」彭先生又說：「接到盛的電報後，我認為茲事體大，不敢馬虎，就親身到江西南昌去晉謁蔣先生，當面將新疆的事變經過，向蔣先生作了一個非常詳盡的報告。」又說：「蔣先生於聽到我的報告後也很慎重的考慮了良久……考慮的結果，中央終於又正式任命盛世才為新疆邊防督辦並兼任新疆省政府主席。」

查此段文章內容，完全是大膽的扯謊，而且假造電報。查本人抵新疆後，與內地朋友向未通過信或打過電報，在四月革命後亦未與內地朋友通過信或打通電報，彭先生雖然是我到新疆工作的介紹人，但我因為新疆環境關係已與他說明不通信息。四月革命後亦然。彭先生所說我向他報告四月革命經過，及請託他向蔣委員長說話之事，乃完全無有其事，因為四月革命後我即確定親蘇政策，而我深知當時彭先生是反對馬克思主義的。同時，此事最大的證明，是彭先生說：「中央終於又正式任命盛世才為新疆邊防督辦並兼任新疆省政府主席」。查民國廿二年四月革命後，第一任省主席是劉文龍，劉文龍因病辭職後，第二任省主席是朱瑞墀，迨朱主席死後，第三任省主席是李溶。至本人兼任省主席，乃是在李主席逝世後的事，而李主席逝世，乃是民國廿九年的事，所以本人兼省主席，乃是民國廿九年的事，而彭先生在民國廿二年新疆四月革命後，竟敢大膽的有假造電報之事，實在是欺騙長官，欺騙老朋友。

關於彭先生所說：「攻哈密盛世才出頭」，及「白平鼓托擁盛上台」的兩段文章內容，雖然均係彭先生造謠，並無其事，但僅只是加以檢討時，恐讀者，特別是研究新疆歷史的人們，仍然是莫名其妙，因此必須將以下八個問題：（1）哈密維回匪仍叛變，金督辦任命東路剿匪總指揮；（2）擬定新的戰略和戰術計畫；（3）盛總指揮入哈密東山剿匪；（4）匪逃入八大石，而省軍攻進八大石，匪由皮條曲沿蒙甘邊界逃離省境；（5）奉命班師回省，順路解吐、鄯之圍；（6）抵省後，即剿辦乾德縣回匪，及南山回匪；（7）爆發四月革命；（8）臨時維持委員會推舉臨時督辦的經過——均簡明的敘述出來，才能夠使讀者，特別是研究新疆歷史的人們，得知來龍去脈的真相；也就是要說明「乏馬塘」戰役後，到爆發四月革命之間，本人在新疆的實際工作情形，才能夠使研究新疆歷史的人們，知道當時新疆動態的實際情形；尤其是才能夠知道彭先生所謂「攻哈密盛世才出頭」，及所謂「白平鼓托擁盛上台」兩文的內容完全係閉門造謠，或由道聽塗說而來的：

民國廿年秋乏馬塘戰役，援哈大軍將馬匪仲英擊潰後，馬匪腿部負傷，星夜向甘肅逃竄，哈密解圍，維匪和加尼亞牙孜等向省方投誠，哈密軍事暫時告一段落。到民國廿一年春馬匪仲英野心不死，仍企圖實行建立回教國的迷夢，乃派回匪幹部多人，到哈密鼓動和加尼牙孜、白親王等叛變，四出搶劫，民不安生。於是金督辦仍任命我為東路剿匪總指揮，任命陳品修為南路勦匪總指揮，當時歸東路勦匪總指揮的部隊，是張指揮毓秀所部第一路，福指揮全所部第二路，楊指揮正中所部第三路，歸化軍巴平故特所部，奮勇隊孟煦所部和鋼甲車一輛。

當時我擬定的戰略戰術計畫是：（1）挑選精銳騎兵入山，跟踪追勦；（2）不要後方連絡線，攜無線電台一架，以利通信；（3）用駱駝隊帶足二月份或三月份的人馬給養及彈藥以利跟踪進勦；（4）待人馬給養和彈藥用完，即整隊回哈密休息一星期，再準備二月份或三月份人馬給養及彈藥再進山追勦。上述新的戰略戰術的計畫，當時金督辦亦批准備案。

迨本人率所部抵哈密後，即按照新的戰略戰術計畫，進入哈密東山勦匪工作。當時黎海如係哈密師長，（係接哈密被圍時朱瑞墀師長的事）在入山勦匪時期，所有防守哈密的任務，均由黎師長負責。當勦匪軍未入山前，和加尼牙孜等盤據沁城四出搶劫，迨勦匪軍對沁城匪軍激戰幾日後，匪軍即行逃入山中，於是勦匪軍即跟踪入山進勦。開始時匪軍見著漢人即殺，並將漢人住的房子燒掉；迨匪軍看見勦匪省軍，不但不殺回維族人，並不進入維族人的村莊、住宅；同時，省軍規定對回維族人，是「人犯家不犯」的辦法，如兒子當匪並不連累父母和妻子。因而省軍所到之處，均受到當地維回族人的歡迎，於是匪軍亦不殺漢人，不燒漢人住宅。

省軍自進剿後，大小戰役共有三十五六次之多。因將士用命，從未打過一次敗仗。最後維回匪無路可走，乃盤據天山險要的八大石內，（八大石山勢險峻，由山口通八大石只有人馬行走的小徑）當時省軍以右側衛福指揮全所部，登沿八大石右側山地前進，以掩護本隊前進，而匪軍看形勢不對，恐被包圍，乃急向山內撤退，即向雪山內逃竄，省軍跟踪追至天山雪山高峰鞍部之「皮條曲」時，和加尼牙孜、白親王等即派員繳送鋼槍五十枝，佯示投誠，實則利用夜間向蒙古、甘肅邊界逃竄，離開新疆省境。於是我乃報告金督辦，言維回匪和加尼牙孜和白親王等已逃出新疆省境。

本人奉命率部回省城，並剿辦沿途吐鄯回匪。當時本人即率部，由皮條曲經過鎮西，星夜回師，遂解鄯善、吐魯番之圍。迨擊潰匪軍，吐鄯兩縣解圍後，而回匪馬士明即率殘餘匪部，經托克遜向焉耆方面逃竄。當時由於馬全祿和馬德祥以主力盤據迪化南山，各以一部勾結迪化和乾德縣回匪，進行擾亂，所以我軍肅清吐鄯回維匪後，並未向南疆追擊馬士明匪軍，乃先安慰吐鄯兩縣民眾，並命他們繳槍，既往不咎。於是在一星期內，吐鄯兩縣維族人士均紛紛由山上回家，各安生業，共繳出鋼槍一千枝。

當時復奉金督辦命令，除留南路剿匪總指揮陳品修所部，仍駐防達坂城，維持南部治安外，所有東路剿匪總指揮盛世才所部全部回聽候命令。迨本人率部抵省城時，擾亂迪化之回匪已向乾德縣逃竄，於是又奉命進剿乾德縣之匪。迨將乾德縣的回匪肅清後，乃又奉命進剿南山馬全祿、馬德祥回匪。正準備出發之際，而歸化軍巴指揮忽向金督辦要求歸化軍安家費，並說要遲延一日出發。當時我請示金督辦，請全軍等候歸化軍一日，再行出發。而金督辦命我先率其他各路出發，不必等候歸化軍。我乃遵命於四月十一日上午出發，迨行抵烏拉伯（距迪化九十里）即宿營，等候歸化軍前來。

四月十二日早晨，航空隊長李笑天乘小教練機飛抵烏拉伯，向我報告說，歸化軍於昨天下午二時，突然進攻督署，進攻至三堂，當時金督辦衛隊一面抵抗歸化軍進攻，一面掩護金督辦夫婦及小姐由後牆逃走。因為目前省城正在混亂中，烏拉伯和迪化間的道路已不通，最好總指揮率部遲延二三日進城，免與歸化軍衝突。李笑天走後，我並未聽李話，認為李話純係緩兵之計，乃於十二日夜出發，十二日拂曉率軍隊抵達省城「一砲成功」後，此時適有新疆省黨部白委員冒險前來，投送臨時維持委員會致本人的函信。不意此函被前衛楊正中所得，而白委員會遂遭楊指揮正中殘殺——因為該函乃係臨時維持委員會勸本人贊助革命的。當時又有臨時主席劉文龍冒險和本人會面，並代表各委員的意見說：「金督辦既然已偕眷出走，希望貴總指揮體念大局，擁護新政府。」又說「歸化軍巴指揮已將所有歸化軍眷屬，均集中在汽車局，假如總指揮不贊成援助革命時，則歸化軍及眷屬車隊，均將去南疆」云云。

他說：「總指揮為顧全大局，要慎重考慮一切！」當時本人的回答是：「我要慎重考慮，請主席轉告巴指揮不要走。」

至推選本人當臨時督辦的情形是這樣的：四月十二日由教育廳長劉文龍召集各族各界有聲望有地位的人士四十三人，開緊急會議，一面組織臨時維持委員會；一面推舉劉文龍為臨時省主席，東北抗日軍鄭旅長潤成為軍事委員會臨時委員長。因開會時陳中發言，認為過去督辦權力太大，主張在軍事方面，組織委員會。當有李笑天、陶明樾附議，遂勉強通過。十四日由臨時主席劉文龍仍在省黨部召開臨時維持委員會會議，並請本人參加，開會時劉文龍為主席，首先報告鄭潤成堅辭不就軍事首長，而軍事省長不能久懸。在討論軍事首長人選時，劉文龍一面主張仍恢復督辦制度，一面建議各委員慎重考慮未來督辦人選。討論結果，大家咸認為新疆是中國西北邊防重鎮，軍權必須統一，多數贊成取消委員制，恢復督辦制。當時主席建議，為慎重督辦人選，各委員應各自考慮十分鐘。當時首先有人提議推舉伊犁屯墾使張培元為督辦，經過半數委員紛紛發言反對，認為張氏與金督辦關係太深，恐不忠於革命政權，提議人見會場情形不佳，遂撤回提議。後經過半數委員提議，以盛總指揮世才為臨時督辦，主席請大家繼續發表意見，在各委員發言中，全無反對意見，遂付表決，結果全體委員一致舉手，公推盛總指揮世才為「臨時新疆邊防督辦」。

四、再檢討彭昭賢先生十大錯誤

在彭昭賢先生以「政海浮沈話當年」為題的自傳裡，所謂「盛世才與汪精衛新疆鬥法記」的大標題內，共有六段文字：（1）「蔣汪合作共赴國難」；（2）「黃慕松事敗遭軟禁」；（3）「蔣先生促我赴新疆」；（4）「羅文榦走後起風波」；（5）「向蘇俄代表下說詞」；（6）「俄援空軍立解城圍」。茲再繼續分別檢討如次：

因為：（1）「蔣汪合作共赴國難」和（2）「黃慕松事敗遭軟禁」這兩段文的內容，有連帶的關係，所以合併檢討之。

在所謂「蔣汪合作共赴國難」這一節裡彭先生寫道：「汪精衛回到上海，立即給蔣先生一個電報，要求舉行救國會議，以共同商討挽救危亡的方案。……蔣先生自然樂於周旋。馬上表示歡迎汪氏入京，共商大計。蔣汪兩氏經過一度懇商後，蔣立即同意由汪氏改組行政院，並請汪出任行政院長。……就在這段期間，盛世才在『時勢造英雄』的局面下，取得了新疆的統治地位，不過，盛氏的實力初時仍甚薄弱，在新疆境內，既有雄據哈密的馬仲英，又有稱霸伊犁的張培元，馬張兩人都是擁兵自重，各自為政，並不聽命於盛世才。此時南京中央方面，對於新疆情況，雖有鞭長莫及之苦，但亦不能長此看水流舟，讓它互相火併下去，於是，汪氏靈機一動，便發表黃慕松為新疆宣慰使，率領著一批隨員，浩浩蕩蕩地進入新疆，展開宣慰工作。」

又在所謂「黃慕松事敗遭軟禁」一節裡，彭先生說：「汪精衛說，他那次派黃慕松入新疆，其任務並非表面上的宣慰那麼簡單，在事前汪氏已與馬仲英、張培元兩方面先有默契，而且深悉盛世才的實力異常空虛，馬、張對於汪的派員前往，皆已暗中表示擁護，由此可見，黃慕松那次奉汪命前往新疆，其真正任務要弄垮盛世才。」

「黃入新疆後，因係中央派來的大員身分，自然另有一番風光。經過短期的官式活動，黃即開始假藉他的『宣慰使』名義，在迪化（新疆省會）大肆活躍，前後經他拉攏的人，計有新疆省政府秘書長陶明樾、空軍司令李笑天、中央軍官學校教育長陳中等人。正當黃進行和馬仲英、張培元兩方武力聯合倒盛的時候，不料事機不密，春光外洩，被盛世才得到了消息。盛氏雖然羽翼未豐，但也不是一位好惹的人，迅即決定，先下手為強，遂乘黃慕松和他們舉行會議的時候，暗中調兵遣將，猝然之間，將黃下榻之處，密密層層的加以包圍，並毫不客氣的進入捕人，因為事出突然，無從閃避，結果，與會人等一網成擒。陶明樾、李笑天、陳中等三人被盛氏就地槍決。至黃慕松，因係中央派來的大員，不便加罪，從是日起，亦被軟禁起來，隨黃一同去的人，也遭受同樣被軟禁的命運！說起來這真是替中央丟臉的事，黃等雖一時沒有生命的危險，但一位由中央派去的堂堂大員，居然假借中央宣慰地方的名義，來策動地方上的變亂，而且人證物證當場齊備，不管怎樣說，中央方面都不能推說不知道。」

事實上彭昭賢先生文中所謂「黃慕松事敗遭軟禁」一事，完全是道聽塗說，捕風捉影之談。查黃慕松事雖敗，而並未遭軟禁。至陶李陳三人雖然被捕，就地搶決，是確有其事，但並不是在黃之下榻處，開會時被捕的，乃是由劉主席文龍在東花園召開「臨時維持委員會」會議時被捕的。至所謂「隨黃一同去的人，也遭同樣被軟禁的命運」亦無其事，現在在臺灣光復大陸設計研究委員會委員高長柱字石輔，即係當時黃的隨員之一，是能夠證明他並無有遭受軟禁之事。（查黃並未遭受軟禁，及陶、李、陳三人被捕事，請閱後文說明「黃宣慰使奉命回京報告」一節，才能夠知道來龍去脈，及當時的實際情形。）

在所謂「蔣先生促我赴新疆」一節裡，彭先生說：「蔣先生那次對我說：『慕松這次在新疆輕舉妄動，固然是他個人處置的失當，但為了維護國家的威信，和保持汪先生的體面，我希望你用軍事委員會視察專員的名義，前往新疆去一趟，當面和盛世才談談，讓此問題早作解決吧！』」

「我當時受到蔣先生的委託，當然無法推辭，隨即摒擋一切，尅日啟程。臨行前並電知盛世才，讓他知道我馬上就要來了。」

「我抵達迪化之日，受到盛世才的熱烈歡迎，下榻於盛氏的私邸，並讓我住在朝東的那一列房子裏，盛和他的夫人則住在西面的房屋奉陪。因為這樣，我和他可以隨時見面，隨時作密談。過了兩天，我才開始和盛氏談到黃慕松事件，那是在那天的晚飯之後，賓客皆已散去，小客室裡只有我和盛氏夫婦三個人。我提起此事，係以老大哥的口氣和盛懇談，彼此談了一小時餘，誤會差不多冰釋了，最後我對盛氏說：『現在事情已經過去了，對於黃先生，你實在沒有扣留他在新疆的必要。我希望你能夠為人之所不能為，以禮把他接待進來，還是以禮把他送了回去。』盛氏對此略加考慮，很乾脆的答道：「就這麼辦吧！」到了次日，果然即撤除了對黃慕松及其隨員等的監視，而且還替他們包一架飛機，把他們送回南京。我那次在新疆躭延了十個月之久，一直等到新疆局面穩定下來，才返京覆命。」

「汪精衛院長對新疆問題經過這次打擊之後，當然他把盛世才恨之刺骨，必欲去之而後快。過了一個短期，在汪氏的策劃下，中央又要派人前往新疆，所派的人，份量更重，就是當時的外交部長羅文榦，羅氏赴新的名義是視察邊疆外交事務，而我那時尚在迪化未走。」

查彭昭賢先生以上所說的各段話，除他到新疆，及受到我熱烈的歡迎，並汪院長再派羅文幹去新疆這三點是事實外，其他各段不僅全係扯謊，特別是大膽的假造蔣委員和他一段談話。我說他大膽的假造蔣委員長和他的一段談話的根據有三點：第一、因為他到迪化時，黃慕松早已回南京去了；第二、當新疆省政府將陶明樾、李笑天、陳中等三人處死後的第三天，黃宣慰使即偕隨員乘飛機回南京去了；第三、查彭先生所說蔣委員長當時和他談話的內容，就是教彭先生向我說不再繼續扣留和軟禁黃宣慰使慕松，准許黃慕松早日回南京去，以「維護國家威信，和保持汪先生體面」，但當時新疆省政府雖然破獲陶明樾、李笑天、陳中等的謀叛事，但僅只將他們三人處死，根本就無有軟禁黃慕松宣慰使之事。同時，在陶、李、陳三人處死後的第三天，黃慕松宣慰使即乘機回南京矣，我還到機場送行，我始終對黃宣慰使是有禮貌的，其原因也就是為了「維護中央的威信」。根據以上三點看來，黃既然根本未遭受新疆省政府的軟禁和扣留，早已平安飛回南京，則蔣委員長就根本無有對彭先生說那一段話的必要了。這樣看來，彭先生和蔣委員長的那段談話，既然是彭先生假造的，則其他各段自然亦是假造的，所以對其他各段就無有再檢討的必要了。

再彭先生所謂下榻於盛氏私邸事，亦並無其事。以彭先生與我的友誼關係，如果我的私邸有多餘的房屋時，似可以請彭先生下榻私邸，不過我的私邸沒有地方供客人住，當時只有請彭先生住在官邸妥為招待。（讀者可參看後文說明「黃宣慰使奉命回京報告」一節，就能夠詳細知道來龍去脈，及當時新疆的實際情形。）

在所謂「羅文榦走後起風波」一節文裡，彭先生說：「羅文榦到了新疆後，先在迪化住了些日子，接著就分別視察哈密（作者註：是吐魯番不是哈密）和伊犁兩地，先後和馬仲英、張培元都見了面。羅氏當時和馬、張兩人所說的是些什麼，局外人雖不得而知，但有一件千真萬確的事實，羅氏雖否認亦不可得。那就是：當羅氏離開了新疆不久，哈密和伊犁的武力，立刻聯合起來，高舉起反盛的旗幟。」

「此時新疆的地方武力，原本是盛、馬、張鼎足而三的局面，如今馬、張兩部的兵力合而對盛，自然大佔優勢。倒盛的行動一經公開，馬仲英立刻與哈密王的舊部堯樂博士（原註：此人現居台灣）以及和加尼牙孜等部連合在一起，突然進兵，將迪化省城圍得水洩不通。」

「那次圍城，伊犁張培元的第八師，祗是遙為聲勢，並未參加實際戰鬥行動。……」

「迪化城被圍了兩個多月，馬仲英的圍城部隊既沒有打進城來的力量；盛世才的守城部隊，也無力對馬部實行反攻。……」

查彭昭賢先生上面所說的各段話裡，以第一段來說，他所說的是對的。因為以新疆的資料看來，羅文榦以視察新疆司法為名，（當時羅係司法部長，並非外交部長。）從事繼續完成黃慕松未完成的任務：即連絡劉主席文龍、張屯墾使培元，和吐魯番馬仲英，貫徹劉、張、馬三角同盟任務，實行倒盛計畫。惟彭先生認為馬仲英仍在哈密是錯誤的，當馬匪仲英在「滋泥泉」打敗仗後，未向哈密逃竄，乃是由木壘河縣通吐魯番小路，向吐魯番逃竄。（此段請讀者參看本文後文說明「滋泥泉戰役馬匪敗北」一節，就能夠知道當時的實際情形，及馬仲英向吐魯番逃竄的情形。）

以第二段來說，張馬兩部合起來，以聲勢論，是張馬兩部為優；以實力論，則雙方相等。迪化省城之所以被圍，是由於省軍鑒於與其遭受張馬雙方夾擊，毋寧在未受夾擊前，先將張部消滅，達成各個擊破的目的。於是省軍乃組成一部有力部隊，赴西路烏蘇進擊張部。（因當時張部的楊正中部，已由精河進出烏蘇，破壞交通。）於是馬匪仲英知道省軍出發討伐張部，認為有機可乘，乃突然進攻迪化。馬部首先進攻迪化南樑，省軍於南樑與馬部激戰數日，使馬部傷亡一旅人之多，而匪之進攻，乃頓挫數日，遂形成匪我雙方在南樑方面對峙的局面。除飛機場距南樑較近，已被匪軍佔領，至迪化之東門外的無線大電台，北方的一砲成功，和西方的紅山咀子高地，均仍為省軍所固守，南門外的蘇俄領事館，和城內的交通仍然無阻。不過當時省軍無力消滅馬部的主力。這樣看來，彭先生所謂「將迪化省城圍得水洩不通」並非事實。

在這三段文中彭先生說：「那次圍城，張培元的第八師，只是遙為聲勢，並未參加實際戰鬥行動。」此段並非事實，因為張部破壞西路烏蘇交通，於是省軍乃先行討伐張部，由於省軍討伐張部，而馬匪乃乘機進攻迪化。（此一經過請讀者參看後文說明「張培元叛變，省軍出師討伐」一節，就能夠知道張培元的第八師並不是遙為聲勢，乃係先行發動，破壞西路交通，企圖進攻省城。）

第四段文中彭先生說：「迪化城被圍了兩個多月」亦非事實，迪化乃是從一月十二日被圍，到二月十二日解圍，為時僅不過一個月而已。

在所謂「向蘇俄代表下說詞」這一節文中，彭先生說：「有一日，俄國代表××因事來訪盛氏，並特來東屋拜候我，（原註：當時蘇俄派在新疆的代表××是和我在莫斯科的同學）大家在談話中，我忽然靈機一動，特別請盛夫人招呼廚房預備了幾樣精緻小菜，挽留俄國代表在此便飯。這一頓晚餐，並無外客，在酒醉飯飽之餘，我認為下說詞是時候了，抓住一個機會，便向蘇俄代表進言道：『你來到中國很久，我想你一定知道中國的近代歷史，當年左宗棠的平定新疆回民作亂，是因為貴國曾經接濟了我們一大批糧食。現在，馬仲英假藉外國的勢力圍攻迪化，新疆是中國的國土，盛督辦也是中央任命的官員，馬仲英因為自己手中擁有一部份武力，就擅自率兵倡亂，把省城包圍起來，如果日子一久，一定會發生糧食問題。新疆政權倘若淪入叛將的手中，不但覆巢之下沒有完卵，尤其是馬仲英所號召的『東土耳其斯坦共和國』，是不是與貴國的權益衝突？你應當特別的考慮一下。』」

「蘇俄代表聽我這樣一說，也覺得問題相當嚴重，立刻很鄭重的表示道：『對於這項問題，我非常願意接受你的意見，你看，怎麼辦才好呢？』

「我見他如此鄭重發問，便非常客觀的向他作進一步的分析道：『我認為新疆的政權，若繼續握在中國政府手上，對貴國有極為顯著的三點利益：第一、中國和貴國接壤的地區長達幾千里，對於這些地方，貴國都不必設防，因為中國對貴國決不會進行侵略，這是貴國信得過的事；第二、新疆和中國內地交通不便，但與貴國方面則恰恰相反，因此，新疆出產的若干資源，貴國都可以利用交通便利的關係，以極低廉的代價購得，中國本身反而無此便利；第三、新疆是一個工業缺乏的地區，它原是貴國的一個重要市場。』

「蘇俄代表對這幾點都連連的點頭稱是，我唯恐他還有不瞭解的地方，又再加強的說道：

『倘若馬仲英佔領了迪化，和在外國勢力的支持之下，成立了『東土耳其斯坦共和國』，在貴國方面，同樣的也會發生三點不利的地方：第一、貴國在邊境上必須處處設防；第二、新疆出產的原料，決非貴國所能染指；第三、貴國立即喪失了一個有利市場。」

「至此蘇俄代表連連點頭道：「我完全同意你的說法。」這時盛氏只坐一旁側耳靜聽，不發一言，我又接下去說：「帝俄時代的幫助左宗棠平定新疆回民之亂，足以證明貴國當時執政者有魄力、有遠見。現在新疆又發生同樣的問題，假如這件事不能解決，我認為影響最大的是貴國，其次才是我們中國。』」

又在所謂「俄援空軍立解城圍」一節文中，彭先生說：「經過這次懇切的談話，蘇俄代表認為俄國對於新疆事變實不容置身事外，必須馬上站出來，對盛世才督辦進行大力的援助，讓他有力平定新疆的局面。原則方面既已有了具體的決定，剩下來的技術問題就容易解決了。盛氏和我經過幾度密商，結果，由盛氏請外交部駐新疆特派員陳德力出面，和蘇俄代表商談援助的細節問題。」

「那次的外交，辦得非常順利，一共在俄國方面得到的援助是：價值三百萬盧布的軍火——其中最主要的是由俄國派來了三十架飛機，連駕駛員都包含在內——這批空軍人員，在飛機未飛來中國以前，已經先塗上了中國青天白日滿地紅的國徽，飛機開到了迪化後，立即參加作戰。馬仲英的軍隊和堯樂博士等部，一向打的都是平面戰，對於立體作戰不但缺乏經驗，而且連防空的常識都毫不具備。所以當這批空軍人員開始轟炸和掃射之後，馬部立即狼狽四竄，連夜逃往新疆南部，迪化的城圍輕易地立告解除。」

「另外，俄國那次接濟盛世才的軍火，其中包括有機關槍、步槍、通信器材等軍用品，也於城圍解除之後，由俄國運到了阿伊顧斯交付。」

「過此不久，東北軍義勇軍馬占山、蘇炳文、李杜等部也繞道西伯利亞開到了新疆，盛氏就利用這批俄援武器把他們裝備起來，所部實力，突告壯大多倍。至於馬仲英和哈密王的殘部，於退往南疆後已無足為患，此時在新疆北部所遺留下來的反抗武力，祇剩下伊犁張培元一股了，而張的內部，不久便發生了人事上的糾紛，迫使張培元拔搶自殺。新疆的反抗勢力，便在一逃一死的情形下全部瓦解。」

查以上彭先生所謂「向蘇俄代表下說詞」和所謂「俄援空軍立解城圍」兩標題的內容，不僅完全是閉門編造的，而且是「煞費苦心」編造的。彭先生所編造的謊言，是不符合當時新疆史實的，茲檢討批判如次：

第一、在所謂「向蘇俄代表下說詞」的內容裡，彭先生說：「有一日俄國代表××因為來訪盛氏，並特來東屋拜候我……」查當迪化圍城時，到我官邸來訪的蘇俄外交人員，只有蘇我駐迪化總領事阿波烈梭夫一人，從來沒有一位所謂「俄國代表××」的。如果說，彭先生所說的「俄國代表××」就是蘇我駐迪化總領事阿波烈梭夫的話，則又不對，一則因為阿波烈梭夫的姓名譯音是五個字，並不是「俄國代表××」兩個字的姓名；二則因為阿波烈梭夫總領事，根本就沒有和彭先生見過面，我也沒有給彭先生介紹過；三則阿波烈梭夫總領事，來我官邸與我會面時，根本就沒有特去拜訪彭先生的事；四則彭先生說所謂「俄國代表××」是彭先生在莫斯科讀書時同學，既然是同學，為什麼不知道他的姓名呢？由此可見所謂「俄國代表××」是彭先生閉門編造的，因此所以我說上述兩個標題的內容，完全是彭先生閉門編造的，絲毫沒有寃枉了彭先生。這些內容，既然是彭先生編造的，那麼關於這兩節文中的內容，就再沒有逐段檢討批判的必要了，因為節幅和時間均不允許浪費的。雖然如此，對於不符合當時新疆史實之處，我仍願舉出二、三例證來加以檢討：

查在所謂「俄援空軍立解城圍」一節的內容裡，不符合當時新疆史實的地方，有彭先生說：「那次的外交，辦得非常順利，一共在俄國方面得到的援助是：價值三百萬盧布的軍火——其中最主要的，是由俄國派來了三十架飛機，連駕駛員都包含在內——這批空軍人員……飛機開到了迪化後，立即參加作戰。……迪化的城圍輕易立告解除。」

查上段話，彭先生編造時，忽略了當時新疆被馬匪圍城的飛機場，因距南樑近，早已被匪軍佔領。而飛機場既然早被馬匪佔領，蘇俄援助的飛機如何能「飛到迪化來」？如何能夠

「立即參加作戰」？如何能將「迪化的城圍輕易立告解除」呢？

再查「迪化解圍」的力量，是由於蘇俄的紅軍五千人，到昌吉縣「頭屯河」參加作戰，把馬匪的主力擊潰，馬匪才開始向南疆逃竄，而迪化乃得解圍。此點彭先生在閉門編造時，亦沒有注意到。

這一節最末一段所說「至於馬仲英……退往南疆後……此時在新疆北部所遺留下來的反抗武力，祇剩下伊犁張培元一股了……」此段亦不符合當時新疆史實，因為伊犁張部敗退，和張培元自戕身死，乃均是廿二年十二月下旬的事；劉斌總司令抵達伊犁是廿三年一月初旬的事，而馬匪潰退迪化解圍，是廿三年二月十二日的事。這亦是彭先生閉門編造時，所忽略的事情。讀者和特別研究新疆歷史的人們，在看彭先生所謂「向蘇俄代表下說詞」和「俄援空軍立解城圍」兩節內容時，請參看後文說明中「張培元叛變省軍出兵討伐」及「馬匪圍迪化蘇聯紅軍入新疆」兩段，當更能夠明瞭當時新疆的史實。

當時新疆真實情況的說明

為了使讀者理解，特別是研究新疆歷史的人們，根本理解彭昭賢先生的扯謊和錯誤；我的檢討批判，仍是為不歪曲新疆歷史，也就是為了符合新疆史實，是則必須參閱下述的十個歷史性的問題：（1）馬匪仲英捲土重來；（2）黃慕松宣慰新疆；（3）滋泥泉戰役馬匪敗北；（4）組織三角同盟陰謀倒盛；（5）黃宣慰使奉命回京報告；（6）羅文榦飛新視察司法；（7）劉主席文龍辭職謀叛將領被捕；（8）張培元叛變省軍出兵討伐；（9）馬匪圍城紅軍入新；（10）迪化解圍馬匪逃俄。

馬匪仲英捲土重來

馬匪仲英自從民國廿年乏馬塘戰役負傷失敗後，雖然屢派匪幹馬士明、馬全祿、馬德祥等率部來新疆擾亂，及派匪幹幫助和加尼牙孜、白親王等計畫叛亂事宜，但其本人始終未再來新疆。此次乘四月革命機會，乃率領大批人馬，約大七千餘人，並有日籍參謀于華亭，托派份子蔡雪村、張雅韶等侵入新疆。馬匪侵入新疆時，勢如破竹，既連陷哈密、鎮西、又陷木壘河。於是我乃擬親率省軍，出發迎擊馬匪。

黃慕松宣慰新疆

正當我準備出發時，適值黃宣慰使慕松，乘機飛抵迪化，他力勸我服從中央宣慰，應立即停止軍事行動。當時我對黃極誠懇，因為彼此均係日本大陸前後期同學，他又係我長官！當我在南京時，黃係南京軍官團副團長，我是軍官團歐洲戰史教官！於是我乃向他說，所謂停止軍事行動乃係省軍和馬仲英雙方之事，如果省軍停止軍事行動，請宣慰使命馬仲英部亦須停止向奇台前進，並立即停止軍事行動。黃當時認為我說的有理，乃立即給馬仲英寫一親筆信，交我派汽車馳送馬仲英。但馬仲英回信說，正值軍事順利時期，礙難遵命停止軍事行動。

當時黃仍欲先使我停止軍事行動，以便再命馬停止軍事行動。我便對他說，理應聽宣慰使的話，先停止軍事行動。不過一則因為省軍，必須出發迎擊馬部，在戰略上始為有利；二則倘再遲延不出發迎擊馬部時，則馬部陷奇台後，必企圖進攻省城。為省城在迪化附近迎擊馬部時，則迪化四周臨縣的回民，會誤認為迪化被馬部圍困，定要紛紛起來支援馬部，如果是這樣，則在戰略上於省軍大為不利。我說至此，黃亦無言可答。於是我乃親率省軍出發。

當時我所率領的部隊是：

第一路指揮鄭潤成，有官兵一千四百員名。

第二路指揮柴秀齡，有官兵九百員名。

第三路指揮巴平故特，有官兵一千員名。

第四路指揮劉萬奎，有官兵五百員名。

第五路指揮張毓秀，有官兵七百五十名。

第六路指揮哈玉良，有官兵七百員名。

砲兵指揮楊炳森，有官兵三百員名。

奮勇隊長白玉，有官兵四百員名。

機關槍隊長王丕綱，有官兵二百六十員名。

另鋼甲車隊、大行李、輜重、衛生隊、無線電台等。

以上各部隊，已於六月八日晚均到達阜康宿營。

滋泥泉戰役馬匪敗北

（一）據飛機報告，馬部匪軍大部於六月八日下午，均已到達「滋泥泉」佈防。（滋泥泉在阜康縣和孚遠縣中間，距阜康較近。）在滋泥泉西方約三、四里森林破家屋處，已有匪之警戒部隊出沒。

（二）匪軍七千餘人，在滋泥泉村落佈防，利用村莊掩護，準備作攻勢防禦。

（三）省軍決心攻擊當面之匪，擬在滋泥泉地區，將匪包圍盡數殲滅。

（四）省軍作戰指導要領：

1. 第三路巴指揮率所部騎兵，進出第四路右側。開始時的任務，是掩護第四路右翼，迨各路開始總攻時的任務，是威脅敵軍左翼，並進行包圍敵軍。

2. 第四路劉指揮，率所部及機關槍兩連，並鋼甲車隊，佔領乾溝南北之線，誘匪來攻，並堅強抵抗匪之進攻。

3. 第五路張指揮，率所部為第二線部隊，沿大道以右之線前進，援助第四路進攻當面之敵。

4. 第二路柴指揮，率所部為第二線部隊，沿大道以左之線前進，援助第四路進攻當面之敵。

5. 第六路哈指揮，率所部騎兵，進出第四路左側，開始時的任務，是掩護第四路左翼，迨各路開始總攻時的任務，是威脅敵軍右翼，並進行包圍敵軍。

6. 第一路及奮勇隊並機關槍隊（欠兩連），為總預備隊，位置大道南側。

7. 砲兵楊指揮，集中砲火，向滋泥泉村莊猛烈射擊，掩護我步兵前進。

當時第四路，由午後四時卅分與匪接戰，開始時匪軍像潮水般似的一層層的，向我軍進攻，我軍以機關槍火力，及鋼甲車火力，特別是以劉萬奎指揮的最優等射手射殺匪軍，而劉部的百發百中的槍手，完全是打中匪軍頭部，乃使馬匪大感吃驚，咸認為遇上了神槍手（這些槍手，都是劉快腿當土匪時訓練的槍手。劉快腿是劉指揮綽號）。迨匪軍傷亡到四百餘人時，匪陣腳已動搖。迨我軍開始總攻到滋泥泉村莊附近時，與匪激戰不久，已入夜間，當時大雨淋漓，天黑對面不見人，攻擊遂停止。十一日拂曉，我軍仍猛攻，匪又傷亡二百餘人，匪之衛隊營五百人利用夜暗投降我軍（此五百人是過去我軍，被迫投降匪軍的人）。我軍吹衝鋒號兩次，匪軍遂潰退，向後方逃竄。

是役我軍獲匪之鋼槍一千餘枝，子彈三萬粒。前後共斃匪六百餘人，匪部逃散者兩千餘人。馬匪仲英僅率領原由甘肅帶來的回匪三千餘人，沿孚奇大路逃竄。是役我軍傷亡二百餘人，失蹤者一百餘人。

省軍勝利後，遂跟蹤追擊馬匪，於十四日到達奇台後，遂命參謀長陳中，迅率第三路巴指揮騎兵為追擊隊。據陳參謀長報稱，馬匪並未向哈密逃走，乃由林壘河山路向吐魯番方面逃竄。

組織三角同盟陰謀倒盛

我於十六日，接獲省城盧、馬兩團長密報：

1. 省城又有陰謀暴動組織，以劉主席文龍，伊犁屯墾使張培元，及擬逃竄吐魯番的馬仲英等三人為首，即所謂「三角同盟」。
2. 該組織以陶秘書明樾，航空隊長李笑天和督辦行營參謀長陳中等三人為核心份子，盡力拉攏人，以便擴大組織。
3. 職等遵照鈞座出發前的指示，已參加陰謀組織。

4.現在他們正在計畫謀殺督辦。他們的計畫是：擬在軍校附近紮一凱旋門，以便盛大歡迎督辦凱旋回省，並擬將小汽車開至阜康，準備給督辦乘座，預計在督辦小汽車距離凱旋門不遠的地方，埋置炸彈謀殺督辦，倘不成功時，即在小汽車抵達凱旋門附近督辦下車時，或向督辦投擲炸彈，或用手槍射殺督辦。

這份密報最後建議「最好督辦要秘密回省。」此外並傳說以黃慕松為新疆經略使，以張培元主持北疆軍事，以馬仲英主持南疆軍事，而劉仍當省主席。

十七日我接督署參謀長劉斌電話，他首先說：「祝賀督辦勝利！」又說：「省城方面因為剿匪勝利，各族各界擬紮一凱旋門，歡迎督辦凱旋歸來！」最後又說：「請督辦到阜康時休息三、五天，以便由省城派小汽車接督辦回省。」我回答說：「此次在前方打勝仗，都是官兵的功勞，並不是我的功勞，請轉達各族各界人士，不要紮凱旋門作盛大歡迎，我領謝他們的盛意。同時，亦不要派小汽車來接我，我打算隨軍隊乘馬回省。」劉仍堅持說：「請督辦不客氣！」

因為省城有陰謀暴動組織和計畫，所以我暫時決定不追擊馬匪，而命剿匪軍回省，先安定內部再說。當我下達剿匪軍回省的命令後，立即乘一部大卡車，帶廿名衛士秘密回省。我於十九日午後到達省城。

黃宣慰使奉命回京報告

我抵達省城迪化後，即由盧、馬兩團長，及各方面人士，向我秘密報告省城一切情形。同時，警務處又由陶明樾公館的秘書手中，得到一份參加陰謀組織的人名單。我得到全部人名單，以及盧、馬兩團長參加陰謀組織會議時的人名單後，才得知陰謀暴動組織是有相當大的力量的。

當我回到省城後，陶明樾和李笑天兩人，特別感到不安。陶並面請我，早日率軍剿辦吐魯番馬匪；而李笑天則有企圖鋌而走險，謀刺我的行動。

際此險惡局面，當時使我不能不作迅速的決定，如果按名單逮捕人犯，並牽連汪（精衛）、黃（慕松），恐動搖大局，似有不便；但如優柔寡斷，遲疑不決，反使人人自危，亦有不便。我焦思再三，惟有先將首要罪犯處決，其他一概不究，以安人心為上策。

於是乃請劉主席在東花園召開臨時維持委員會會議，商討今後剿匪事宜。當時各委員均紛紛出席，惟陶、李、陳三人遲遲不來，最後始到，當即命人將陶、李、陳三人逮捕，並帶到經理處後院處死。我即向臨時維持委員會報告，陶明樾、李笑天、陳中三人謀叛有據，即行槍決；其他同黨一概不究。劉主席說應該處死。而有些參加謀叛的委員們，也都鬆了一口氣，均喜形於色。

槍決陶、李、陳的第二天，行政院汪院長即電黃宣慰使，言宣慰任務完畢，立即回京報告。黃等接汪電後，即第三天早九時乘機飛京，我曾親到機場送行。至彭昭賢先生所謂「黃慕松事敗遭軟禁」事，乃全係道聽途說，並無其事。蓋汪黃雖然犯有政治錯誤，但地方當局，只得容忍。我對黃始終有禮貌，即所以維持中央政府的尊嚴。

羅文榦飛迪化視察司法

羅部長文榦，以司法部長名義，藉視察新疆司法，更進一步勾結劉主席文龍，伊犁屯墾使張培元，和吐魯番馬仲英，企圖繼續完成黃慕松未完成的任務，貫徹三角同盟的倒盛主張。羅飛迪化後，先在迪化住些日子，當時與劉主席往還密切。後來又去伊犁與屯墾使張培元晤面，勾結張氏貫徹三角同盟主張。在伊犁達成任務後，又回省城，在省城稍住，即去吐魯番會見馬仲英，勾結馬仲英貫徹三角同盟主張；即策動馬仲英會同張培元，夾攻省城，而劉文龍則勾結迪化駐軍，作為內應。羅文榦完成任務後，即取道西伯利亞坐火車回內地。

劉主席辭職謀叛將領被捕

由於劉主席文龍，伊犁屯墾使張培元，和吐魯番馬仲英是三角同盟的首領，而三角同盟的主要任務，是陰謀倒盛。張、馬二人的任務是積極準備軍事力量，以便夾攻省城；而劉主席的任務是積極拉攏各族各界反革命份子，加入三角同盟；特別是拉攏軍隊中的反革命份子，加入三角同盟，以便在張、馬兩軍夾攻省城時，作為內應。

劉主席為人工於心計，老謀深算，他明白我知道那些人和過去處死的陶、李、陳三人有關係；他又清楚我知道他與黃、羅二人的關係，也就是了解他們三角同盟倒盛的陰謀計畫。所以他是經常在精神上感到不安。因此，他指使參加三角同盟的將領們進攻督署，推翻盛督辦。可是那一個帶兵的將領，都不敢首先發難。結果劉文龍沒有辦法，只有命令他的衛隊來對我進行謀殺計畫。

如何進行呢？乃是假藉召開臨時維持委員會名義，進行謀殺。是怎樣進行呢？開會時他臨時抱病不出席，請我當主席，並派人催促我快開會，待閉會後我去見他時，即進行謀殺。

我當時對劉主席引起了懷疑：

（1）在開會時，主席的衛兵一個人都看不見，三堂亦沒有人站崗（在平時三堂的門崗至少有兩個人）。在開會時，我一進三堂就大聲說：「主席的衛兵為什麼都不在三堂門上站崗？」我再大聲喊：「主席的衛兵呢！」還是看不見一個衛兵出來。

（2）迨我入會場後，王承啟官就向我說，劉主席有病，開會時請督辦當主席。我想既然主席有病，就不應該開會，於是在開會時，我說主席有病，由我當主席。

（3）在討論事情的過程中，不到一刻鐘，王承啟官就催我快一點開會，主席有要事和督辦商量。我說知道了！又過了廿餘分鐘，王承啟官又催我快一點開會，說主席有要事和督辦商量。我說知道了！又過了十餘分鐘，主席的秘書又進來催促我快一點開會，說主席接南京來的重要電報，要和督辦商量。我說知道了！

於是我乃告知我的衛士，教他去通知衛兵連長，快派四十名衛兵到會場來。迨四十名衛士來後，我看了看參加會議的人，過去黑名單上有名字的，如格里朱肯忽然臉色通紅，我說：「格里朱肯你喝酒了嗎？」格回答說：「未有喝酒。」這時我向出席開會的人說，我肚子痛，就立刻閉會；又向王承啟官說，你向主席報告說，我肚子痛，明天再和主席見面。當我回來後，就派人找主席的衛兵長顏廉，顏廉認為他們的事發了，入門後，就向我跪下說，他有罪！我說：「你慢慢講，今天為什麼主席三堂門未有衛士站崗？」他身子發抖著說：

「他們計畫的不站崗。」於是我說：「你不要害怕，此事與你無關，不過你要把他們的計畫說出來。」他說：「主席打算今天謀殺督辦！」我問：「怎樣謀殺？」他說：「如果督辦只帶四名衛士來見主席時，待督辦一進房內，即用三個人制服一名衛士，然後就開槍打督辦，而應旅長即帶全旅人進入督署來，聽候劉主席指揮。」我問：「主席計畫謀殺我時，都有何人參加會議？」他說：「上次會議參加的人，有歸化人格里朱肯及歸化軍三個團長，即莫洛托夫、且爾諾夫、不大也夫；另有東北軍應旅長占斌，又有鄭旅長潤成，又有楊耀鈞、蘇國，及新疆人李丹初。」以上這些人，都是在陶、李、陳案中的黑名單內。顏廉又說：「原計畫是教他們帶兵進攻督署，結果他們誰也不敢首先發難，他們認為督辦對他們部隊的官兵，全有工作，如果進攻督署，他們不聽命令時，則很有危險。最後才決定由劉主席設法謀殺督辦，事成後劉主席答應給我黃金二百兩。」於是我對顏廉說：「今天就說到此為止，其他的改天再說，避免時間長了，劉主席懷疑。因為你很誠實，可以免你的罪。你回去對劉主席說督辦再三追問為什麼不在三堂門上站崗？你回答的是因為官兵賭錢一夜未睡，大家都睡覺去了，故未站三堂崗。」

劉主席這次謀殺未成，各謀叛將領都感到不安，我恐怕他們鋌而走險，所以乃以請客名義，逮捕謀叛各將領，將謀叛各將領逮捕管押後，交軍法審訊。我親自問劉主席有關謀叛事，劉最初一口否認，但經我指出幾件事實，如三角同盟事，謀殺我的事，他乃閉口無言。當時我們研究了兩項辦法：第一辦法是他坦白認罪，則姑念他是四月革命元勳，讓他自動辭職，在家中休息；第二辦法是公開與顏廉及這些各謀叛將領對質，並交各民旅審判委員公審，按罪判刑。結果，他情願採取第一項辦法，當時就自擬辭呈，說因患癱瘓病，辭職休養。這樣一來，算是解除了內憂之患，使後來張、馬夾擊省城時，已無有裏應外合的危險。

張培元叛變省軍出兵討伐

四月革命後，新政府成立以來，對伊犁張屯墾使始終以誠相待，希其循入正規，共維邊局。乃先保薦他為新政府委員，請中央任命他為師長暨伊犁屯墾使，最後又請中央任命他為新疆邊防幫辦。孰知乃受政客的欺騙，以致倒行逆施，與馬匪勾結，有會同進犯省城之舉。

張逆培元於廿二年十二月初旨，首先破壞迪化塔城交通，扣留汽車，迭經函電勸告，不但置之不理，且於十二月下旬間，竟派其部下楊正中率兵東進。當叛軍到達烏蘇時，省軍遂任命督署參謀長劉斌為伊犁代理屯墾使兼討逆總司令，並任命王齊勛為參謀長，率歸化軍第二團，第四團，于旅，武團，汪、閻兩營，共約三千餘人，向烏蘇前進，迎擊楊正中叛部。

當省軍到達烏拉烏蘇地方，與逆軍遭遇時，不料楊部的大部份官兵，竟不戰而歸順省軍，楊乃率殘部向精河方面潰退。於是劉總司令乃跟踪追擊。在劉總司令未到達伊犁前，伊犁內部恨張培元勾結馬匪，倒行逆施，乃群起而攻之，斯時張逆培元感到日暮途窮，竟自戕了事。

劉總司令於一月初旬到達伊犁，受到各族各界人士熱烈歡迎，伊犁變亂遂告平息。當時馬匪仲英僅知道張逆部隊東來，及省軍出兵討伐張巡。至張逆部隊不戰而降，以及張逆的自戕身死，馬匪均不得知。於是馬匪乃率眾萬餘人，於二十二年一月十二日，進犯省城。

馬匪圍省城蘇俄紅軍入新疆

四月革命後，新疆省政府即派外交署長陳德立，和航空隊附姚雄兩人代表新疆省政府，赴蘇俄表示親善友好之意，並催促將金前督辦（樹仁）向蘇俄訂購的軍火，迅速運新，以備應用。當時史大林除表示歡迎陳、姚兩代表赴蘇俄，並準備派阿波列梭夫為全權代表，兼駐迪化總領事。迨陳、姚兩代表回新疆時，阿總領事即偕眷和陳、姚兩代表一同來新疆上任。當時我正在達板城前方剿匪，乃特為看阿總領事回省城一次。阿總領事與我見面時，阿說：「我先轉達史大林向貴督辦所要說的：第一、史大林問候督辦；第二、新疆需要蘇聯何項援助，蘇聯當盡力援助；第三、馬仲英係新疆的敵人，亦係蘇俄的敵人，因為馬仲英是日本帝國主義的走狗，而日本是企圖利用他，在新疆建立回教國，使新疆脫離中國，作為日本附庸國。」

馬匪仲英為了貫徹劉、張、馬三角同盟政策，正當省軍派有力一部赴烏蘇，迎擊由伊犁來的張培元部隊時，馬仲英遂乘機包圍迪化。當時阿總領事對我說，他已將馬匪包圍迪化情形，報告莫斯科，史大林來電，要他問盛督辦，新疆需要蘇聯何種援助？請督辦不客氣的說出來。當時我說，現在感到兵力不足，擬在阿山、塔城兩地召募五千名歸化軍，在阿爾泰成軍。因為歸化人過去都當過兵，稍一組訓，即可使用。擬電阿山、塔城兩行政長，從速招募。至所有五千歸化軍的所有裝備，包括武器、服裝等均向蘇聯訂購，請迅速運到阿爾泰，以便應用。同時所有軍官，即在迪化挑選，並向蘇聯聘請阿爾泰歸化軍軍事顧問一名，教官五名。當時阿總領事說，當即照督辦的意見及辦法，電告史大林。

不料我正在積極挑選軍官赴阿山期間，有一天，阿總領事向我說，請督辦命塔城趙行政長得壽，迅速給阿爾泰歸化軍（蘇俄紅軍），準備五千騎兵的官兵給養，和五千匹馬的草料。當時阿看我的氣色不對，乃向我解釋說：「因為這件事，事先我也毫不知道，同時，莫斯科命我以四點理由向督辦加以解釋。因為督辦需要的是兵力五千人，這件事，是史大林和蘇聯軍部詳加考慮過，才決定的。其理由：一則恐圍城日久，內部有變化，（以過去歷史而言，指東北軍，和歸化軍靠不住）倘迪化一旦陷落，則必增加蘇聯援助的困難；二則因為馬仲英正在積極準備大批雲梯，作攻城之用，在阿山裝備歸化軍，恐緩不濟急；三則因為再增加五千名歸化軍，則恐怕歸化軍的數量，在督辦的軍隊中，佔的比例過大，恐有尾大不掉之虞；四則歸化人，即過去的白黨，他們對紅黨素有惡感，如被壞人鼓動，則因為他們仇視蘇聯，恐怕有令人想不到的意外危險，因此蘇聯政府，亦不願以精良武器，裝備仇視紅黨，即仇視蘇聯的人。因此史大林請督辦諒解，待將馬仲英之亂平定後，則蘇聯紅軍，立即回國，決不留住新疆。阿總領事說完後問我：「督辦對史大林所說的話，有何意見？」我說：「我有三點意見，請你轉達史大林先生：第一，我很感謝蘇聯以紅軍幫助新疆平亂；第二，我很欽佩史大林和瓦羅希洛夫決定事情的迅速、正確和有遠見；第三，我很欽佩史大林對新疆實際情形如此瞭如指掌。」此乃係蘇聯紅軍入新平亂的緣由。

迪化解圍馬匪逃俄

當馬匪仲英逃竄喀什後，他成了駐喀什英國領事館和蘇俄領事館雙方爭奪的對象。英國領事力勸馬仲英去印度；而蘇俄領事則力勸馬仲英去莫斯科。後來蘇俄領事透過馬仲英方面的托派份子蔡雪村的關係，結局馬仲英不去印度，決心去莫斯科。

五、總結彭昭賢先生十大錯誤

自大陸沉淪，政府播遷臺灣，荏苒十有七載，在這十多年當中，彭昭賢先生遠處日本，即未能與國家共休戚，又復不甘寂寞，乃於席豐履厚之餘，大寫其類似回憶錄的文章，以「政海浮沉話當年」為題，縷述民國以還若干政壇秘聞，尤其是對於新疆。這類寫作，如果有可靠的資料為根據，信而有徵，那也未嘗不可作為史事的補遺；但遺憾的是，彭先生已屆古稀之年，雖「博聞」而未必能「強記」，大概因為他手邊缺乏可靠的資料，因此所講的只是憑著一鱗半爪的記憶，掛一漏萬，諸多失實，甚至有捏造作偽者。其中所述，牽涉本人之處頗多，而與事實相符的，十不及一，誠恐以訛傳訛，有失真相，爰濡筆對彭文再作一番坦誠的檢討，以正視聽，而明是非。

按彭文所述，東北義勇軍退抵新疆者計有七萬五千人，他說：「盛當時心中念念不忘的，便是他手中缺乏嫡系的部隊，現在居然出乎他意料之外，驀地由東北開來一支家鄉子弟兵，叫他怎不喜出望外……」接著，彭又說：「在新疆的盛世才獲悉了這個消息之後，馬上便找我商議大計，我那時以中央人員的身分，雖然不便對他作過度露骨的獻議，但還是向他暗示道：『聽說從俄國西伯利亞撤回來的東北義勇軍，在七萬多人數中，有百分之九十是東北老鄉，他們此來，雖然高喊著假道新疆回國的口號，但若善為運用，他們是有可能留在新疆的。……』盛世才原是聰明絕頂，雄心萬丈的人物，對於我所暗示的『善自運用』這句話，馬上心領神會，立即準備用全副精神來接待這批老鄉。於是成立了一個『新疆各界歡迎東北歸國團籌備處』，派出他的弟弟擔任這個籌備處的主任，幹得非常起勁……有聲有色。」更妙的，彭以中央大員的身分自居，猶嫌不足，進一步的竟自視他本人就是當時新疆省的軍隊編練委員，於是在他的回憶錄裡，居然將退抵新疆的東北義勇軍整編為九個旅，而且每個旅的旅長，也都由他加以委派，姓名階級，一一齊全，這讓我拜讀之際，不禁啞然失笑！

凡是要編造故事的，最要緊的是「人」、「時」、「地」，不能有絲毫偏差，方能自圓其說，令人置信，而彭先生在他所編造的上述故事裡，知其一不知其二，只抓住「地」，卻把「人」和「時」完全弄錯了。按東北義勇軍於民國廿一年退抵新疆，當時握新省軍政大權的係金樹仁督辦，本人正奉令領軍在哈密剿匪，櫛風沐雨，效命疆場，就地位而言，我自己也不過為省方的若干將領之一，那有權力來收編義勇軍呢？我於民國廿二年才被選繼金樹仁而出任新疆督辦，距義勇軍之被收編業已一年。可見彭文所述各節，純屬向壁虛構，與事實相去遠甚。但我並不否認，在接任新省邊防督辦後，曾將前任所收編之義勇軍予以整編，並改稱為邊防軍。其番號如下：

（一）邊防軍步兵第十五旅（原黑龍江民眾救國軍步兵第二旅）

（二）邊防軍第二十旅（原吉林省自衛軍第六旅）

（三）邊防軍獨立步兵第二十團（原吉林自衛軍第四混成旅）

（四）邊防軍步兵第六旅（原吉林救國軍衛隊旅）

按國軍的編制，每旅通常為三千五百人到五千人，由上述的番號，可知退抵新疆的東北義勇軍，最多也不過一萬五千人左右，從何而來七萬五千人的龐大數目呢？

彭氏又說：「我在迪化督辦公署作客，經過短短幾個月新疆的情況一變再變，由群雄割據，變為盛世才一人的天下，局面既告穩定，我亦認為不宜在邊疆久留，乃告知盛氏，說我馬上要返回南京。盛氏當時卻一再苦留，並曾向我表示，由他專任新疆邊防督辦的職務，要我擔任新疆省政府主席，彼此通力合作，搞好新疆，盛氏當時的表現，確是非常誠懇。」

上述這段話，並非事實，多半是彭先生編造的。當時經過情形是這樣的：當我底定新疆全局之後，彭先生一來新向我毛遂自薦，願意擔任新疆省政府主席。論起當年我和他的交誼，他向我提出這要求並不為過，但我為著顧慮新疆的複雜環境，便建議由他先擔任民政廳長兩年，以資熟悉新省各方面的情形，然後再向中央推薦他為省府主席尚不為遲。再則，當時新省主席已發表朱瑞墀先生，我自己的督辦職務，尚且由新省維持會所推選，如果無端由我推薦一新主席，予人以拔扈攬權的感覺，且使朱先生不安於位，這不但易引起反感，甚至失卻人心，寖假而有糜爛大局之虞。所以我一再勸彭先生屈就民政廳長兩年，俟有成績表現，屆時朱主席亦將以年老退休，水到渠成，則新省主席一職，便非彭莫屬了。那知當時彭氏有官迷心竅，認為以區區簡任一級的廳長，他在內地各省得之亦易如反掌，何必求之於新疆。遂認為我所提出上述的理由，乃設詞推諉，不夠朋友，於是由怨生恨，一回內地便以趙某的筆名撰文構陷，說什麼新疆有赤化之可能，曲筆毀謗，危言聳聽。但事實證明，新疆在我治理下，前後十年並未赤化；當我離開時，以完整的國土交給後任，這是國人所有目共睹的。

那知事過卅多年後，彭氏餘恨猶存，他在這次所發表的大作裡，還編造了另一段離奇的故事，說我在東北義勇軍中，選出一千多名的正式軍事學校出身的軍官，凡不肯留在新疆服務的，悉數誅戮，這不是天大的笑話嗎？誰都知道，當時由俄境退抵新疆的義軍，他們都是剛從日寇的鐵蹄下逃出的，烽火餘生，驚魂初定，既深深了解東北老家暫時是無法回去了，

的深淵而不克自拔，一度對於和中樞有關係的人員不惜大開殺戒……。」昔人有言：「士別三日，即當刮目相看」，但我卻沒想到，彭氏和我闊別二十年之後，他居然學會了既能編造故事，又能揑造姓名，我拜讀他的大作，翻開我家的族譜逐一查閱，尚無發現有「邱玉芳」其人。不錯，我有四位弟婦，二弟婦朱雲翹，三弟婦聶玉芝，四弟婦陳秀英，五弟婦李景淑。其中並無一位姓邱的，有之，則是我的太太邱毓芳。但何來一位素不相識的弟婦「邱玉芳」呢？可見彭氏雖然很得意的編造故事，連我的四位弟婦的真實姓名都弄不清楚，憑空抬出一個姓名來，其大膽假設的精神固屬可嘉，但未免太不小心求證了。

我的諸弟及弟婦中，並無一人為共產黨員，更不具備足以影響我的任何條件，而且我的個性也不是輕易便受人包圍的。今彭氏竟誣指我日夕受他們的慫恿，以致踏上歧途，誠不知其何所據而云然，難道以我當年所標榜的治新六大政策中，列有「親蘇」一項，便當為我誤入歧途的憑證嗎？果如此，則我不得不鄭重聲明，所謂「親蘇」也者，只是為著應付當年新疆的特殊環境所採取的權宜措施而已，談不上什麼歧途不歧途。何以言之，按自九一八事變後，日寇暴露其猙獰面目，對我肆意侵略；共匪復猖亂於華中各省企圖顛覆，內憂外患，紛至沓來，中央為應付空前的困難，曾釐訂極明確的政策，即攘外必先安內，於是一面剿匪，一面準備抗日；但就當時國家的處境而言，要抗日勢不能不和俄，以免陷於兩面受敵之困境，這是很淺顯的道理。我身負邊防重責，而所治理的區域又是和蘇俄接壤千里的新疆，應付強鄰，稍有差池，不但糜爛地方，且增中央西顧之憂，這是極為可慮的。因此，我不得不盡百般手段，懷柔蘇俄，以穩定新疆的局勢，俾中樞能全力從事剿匪並準備抗日。換言之，我所標榜的「親蘇」，是為著維護中央「剿匪抗日」的國策的一種手段而已，何足為病？

迨蘆溝橋事變發生，舉國在最高領袖蔣委員長領導下，奮起抗戰，新疆更成為中俄交通的孔道，一切俄援軍火物資，均經由新省轉運內地，試問，在這樣情況之下，我當年還能不敷衍蘇俄嗎？往事歷歷，此為國人之所盡知，彭先生身為政府大員，寧無所悉？何以在事過卅年之後，竟裝瘋賣傻，誣指我受親屬的影響以致踏上「親蘇」的歧途，我盛某雖至愚，何至將國家大計，操於婦人兒女之手？其理明甚。至彭文所稱「大開殺戒」一節，更是拾人口唾，以訛傳訛而已。誠然，我治理新疆十多年中，曾遭遇六次的大陰謀暴亂案，奸人挾外力企圖顛覆，幾使新疆罹「亡省」之禍，經我一一敉平，並依法懲辦首要叛逆，及若干赤化份子。這和當年在剿匪期中，贛閩各省的統軍將領曾在前方處決瞿秋白、方志敏等匪首如出一轍。若將我制裁首要叛亂份子，謂之「大開殺戒」，那麼，處決瞿、方諸匪首，這又算所開何戒呢？

彭先生又說：「盛氏的老弟是督辦公署的外事處處長，其弟婦邱玉芳那時在迪化擔任二女校長的名義，所以很方便在社會上散佈共產黨的進步思想……」此更屬無稽之談，要知，當時的督辦公署編制，根本就沒有外事處這個機構，而我的四位弟婦中，更無一人擔任迪化二女中校長，此為當年旅新人士之所盡知，勿庸贅辯。說句實在話，以當時新疆的環境，如果我真的要散佈什麼進步思想，儘可指派部屬辦理，用不著動員我的家屬；反過來說，如果我認為沒有這樣做的必要，那我更不會容縱我的家屬去做「反動」的宣傳員。

彭先生若因對我個人有宿怨，出於下意識的報復心理，不惜揑造事實，含血噴人，在這世衰道微的時代，原亦不足為奇，但我認為他最不應該的，莫過於在自編自吹的這許多離奇故事中，有時竟將我們國家的最高領袖亦牽涉在內，這未免太不敬了。如彭文所述：「此時最高當局的蔣先生，由於抗戰期間大局漸趨穩定，也逐漸對新疆加以重視。原已決定借重馬占山的關係，派馬氏到新疆去收拾這一危局，因為留在新疆的東北軍，多屬馬氏舊部……」彭氏又說：「在蔣先生的督促和張大同將軍的協助之下，馬占山對於新疆未來的安排，曾擬出一個極為妥善的計畫。正當馬氏整裝待發，和由中央明令發表之際，盛世才此時有一封密電給我，電內表示，他為了國家，決心大義滅親，扭轉新疆的混亂局面，請我立即面見蔣先生，轉達他效忠領袖的誠意……」接著，彭氏又自鳴得意地說：「我接到這封密電，知道盛世才已經有了徹底的覺悟，自然也非常高興，便馬上帶著這封電報去晉謁蔣先生。蔣先生為著遷就現實的環境，也覺得由盛世才自行修正他眼前的左傾態度，要比派馬占山去收拾新疆局面為佳，所以立表同意，要盛世才好好去做，因此，就把馬占山接長新疆的命令擱淺下來……」

凡是稍為明瞭二三十年前我國政局的人，誰都知道：彭昭賢先生當年廁身中樞，至多也只算二三流的角色，未必就有「帷幄上奏」的份量。但現在他筆下所描述的，活像一個「國家重臣」，隨時可晉謁最高當局，參與密勿，這不是跡近招搖嗎？據我所知，最高當局並無派遣馬占山赴新的擬議，我自己則更沒有發電給彭氏作大義滅親的表示。四十年來，蔣公以天縱神武，內則統一全國，外則力抗頑敵，不但為中華民族之救星，抑亦亞洲之擎天一柱，尤其領袖的知人之明與遇事的英斷，更為舉世所欽仰，凡事由蔣公下了決心的，便很少會予更改，抗戰的堅持，和今日的反共，都是百折不足以回其志，這就是很顯的例證，難道果如彭氏所述，領袖將派馬赴新以挽「危局」，竟因我的一紙電文便改變了他的原意，雖三尺童子，其誰信諸！？再說，東北義軍的退抵新疆，這是民國廿一年的事，而彭氏所揑造的蔣公將派馬赴新，那已經是民國卅一二年了，試問，縱使留新的東北義軍與馬占山頗有關係，但經過了十多年失卻聯絡，人事滄桑，馬氏雖赴新，還能發生作用嗎？以蔣公的善於用人，何至如彭氏所述作這樣的處理呢？因此，我認為彭氏捏造這段離奇的故事，不但大不敬，抑且有招搖之嫌！

最荒謬的，便是我四弟盛世騏旅長於民國卅一年為共產黨所謀殺，彭氏竟顛倒是非地說：「此後，盛世才果不負中央所望，在接到中央寬恕他的示意後，立施鐵腕，對新疆的左派人士立即大開殺戒，包括他的弟弟和弟婦邱玉芳在內，無一倖免……」「據人們後來的統計，此次被盛殺戮的，共達萬人以上，尤其是他的弟弟和弟婦死得最慘！當時有人對盛的批評，說他是公而忘私；也有人說他是殺人魔王。一直到政府播遷台灣之後，仍未得一正確的結論。」

由以上兩段言詞看來，彭昭賢先生實在是惡毒的誣陷。所謂「被殺的共達萬人以上，尤其是他的弟弟和弟婦死得最慘！」不僅是惡毒是挑撥離間弟兄間的感情，而且簡直是梟獍其心，豺狼成性，從政治立場看，我更不知道何以彭先生會厚於俄共及中共匪徒，而薄於對他自己的老友？竟想入非非地設詞為殺我四弟盛世騏的兇手——諸如俄共死鬼史大林，前蘇俄駐迪化總領事巴庫林，前新疆督署中將顧問拉托夫，匪共頭目毛澤東、周恩來，前八路軍駐新疆代表徐杰，以及被我置之於法的前新疆民政廳長——毛澤東的弟弟毛澤民等脫罪，致死者含冤九泉，生者蒙垢忍辱，事之可歎，孰有過此?!

如今，為了正世人之視聽，我特別把我未曾發表的《新疆十年回憶錄》內有關民國卅一年新疆大陰謀暴露案，和俄共青年團團員陳秀英謀殺親夫盛世騏——我的弟弟——的經過情形寫出來供讀者的參考。

民國卅一年蘇俄中共策動組織陰謀暴動的事實真相

民國卅十一年，由蘇俄、中共策動組織的大陰謀暴動案，乃是民國二十九年的大陰謀暴動案的繼續。這次大陰謀暴動案的地下組織的規模之龐大，組織的嚴密，被拉攏各族各界人員之廣泛，暴動計畫之周詳，收買刺客之多，以及其手段之毒辣、險狠，較之民國廿九年之大陰謀暴動案更為嚴重驚人。當時，我根據反滲透特工的報告資料，知陰謀組織已將進入顛覆階段。該陰謀組織暴動總計畫中，暴動日期是預定在民國卅一年四月十二日的革命紀念慶祝大會上，為了使「四一二」暴動容易成功起見，決定在「四一二」慶祝大會前，除應先將機械化旅盛旅長世騏刺殺外，並應相機謀刺本省最高軍政長官，及謀刺忠實政府的軍政要人。

盛旅長世騏是在三月廿九日在督署南花園遭該陰謀組織暗算，被奸人刺殺身死，在盛旅長世騏被刺後，詳細偵察刺殺情形，以及死前死後政治軍事方面的情形及徵候，有充分的證明並非刺客個人的行動，乃係政治上的陰謀。及逮捕各兇犯陳秀英、馬郊、蕭作鑫等詳加審訊後，乃得知該謀殺案之背景，及陰謀顛覆政府之暴動計畫；迨審訊重要案犯臧谷峯、李一歐等，遂獲悉整個陰謀暴動計畫的藍圖，及蘇俄、中共的陰謀，並省內外參加之人數。乃根據審訊資料，陸續審訊，陸續逮捕，參加陰謀暴動份子幾全數落網，乃使大局轉危為安。

這個陰謀暴動的目的，是推翻新疆六大政策政權，建立脫離中國的偽政權。在各方面以及各民族各界參加陰謀組織的主要罪犯，是蘇俄的史大林和中共的毛澤東、周恩來等，他們狼狽為奸，陰謀企圖赤化新疆，乃使蘇俄駐迪化總領事巴庫林，新疆督辦公署軍事總顧問拉托夫，及八路軍駐新疆代表徐杰，民政廳長周彬（即毛澤東之弟毛澤民的化名）等合謀運用滲透顛覆，進行陰謀暴動，企圖推翻六大政權。此外被拉攏的主要人犯有財政廳臧谷峯、教育廳長李一歐，和闐警備司令潘柏南，行政長盧毓麟，喀什行政長陳方伯，焉耆行政長于德一，塔城行政長趙劍峯，哈密行政長劉西屏，新疆日報社社長王寶乾，編譯委員會委員孟一鳴，財政監察委員會委員長王齊勛，軍官學校參謀長郭德祺，土產公司副經理馬郊、蕭作鑫，機械化旅參謀長彭煥書、團長趙景當等。這個空前的大陰謀暴動案，其整個陰謀計畫雖然未能全部實現，可是刺殺盛旅長卻是實現了陰謀計畫的一部份工作。

盛世騏這時由蘇俄莫斯科紅軍大學畢業未半年，正當青年有為，準備施展所學，訓練勁旅，以鞏固六大政策政權，並保障新疆永久為中國領土，鞏固抗戰後方，和鞏固西北邊防重鎮。可惜長才未展，即痛失英才，這在我雖屬極大的不幸與遺憾，可是由盛旅長一人之死，而得暴露與破獲蘇俄、中共的整個陰謀計畫，得使邊局轉危為安，未動搖抗戰後方，得免邊民遭受流血慘劇，使中央無西顧之憂，亦可謂不幸中之大幸了。此次大陰謀暴動案，參加陰謀組織的罪犯總數為六百五十六人，處死首要及蘇諜共八十人。

俄共青年團女團員陳秀英刺殺親夫盛世騏的親筆供詞

民國卅一年蘇俄誘惑威脅聯共CY陳秀英謀殺其夫盛世騏事件，是紅色謀殺策略的傑作。茲將陳秀英親筆供詞錄後，以供自由世界反共人士，研究和理解紅色謀殺策略的參考。

盛旅長世騏之妻，聯共CY陳秀英的親筆供詞

盛旅長由莫斯科紅軍大學畢業後，原擬一同回國，因為盛旅長在短期內不能動身，乃教我帶著小孩們先回廸化。到廸化後，因為過去在莫斯科與拉托夫（按：俄籍軍事顧問）夫婦認識，並且感情很好，所以常與拉托夫有往還。

盛旅長留在蘇俄二三個月沒有回來，有一次拉托夫向我說：「聽說你的丈夫盛世騏不回廸化的原因，是因為愛上一個蘇俄的姑娘。」當時我很生氣。後來聽說督辦去電催促他回來，他仍然未回來，我乃認為他真愛上了蘇俄的姑娘留連忘返了，因為我不但生氣，並且很懷恨他。

又有一次拉托夫向我說：「你的丈夫既然另有所愛，你的前途是毫無希望，因為你的丈夫是紅軍大學畢業，你在中學還沒有畢業，顯然是學識不平等，他就是不把愛上的蘇俄姑娘帶回來新疆來，他將來也一定要娶一個大學畢業的太太，決不要你了，因此你自己要有個打算。」

當時我聽了拉托夫的話，不覺心灰意冷，認為我的前途是真黑暗無希望了。我回來之後哭了一天，睡了兩天。

又有一次拉托夫對我說：「現在外邊的事情你一點不知道嗎？我說我不知道什麼事情，我說你聽說有什麼事情？他說不便對你說，恐怕你向外人說，或報告政府。我說我決不向外人說，也不報告政府，請你說吧！他說你真能守秘密，我可以對你說。我說我既是聯共CY，蘇俄人向我說的話，我當然要保守秘密的。拉托夫笑了，他說：「你既然能保守秘密，我就對你說吧。聽說目前在內部，新疆的各民族人民，及各族軍政公務員，都反對盛督辦；在外部蘇聯和中共亦不滿意盛督辦，現在打算內外聯合起來，組織力量，推翻盛督辦。因此，我對於你是關心的。盛督辦和你的丈夫前途好了，你也無希望了，因為他們的前途愈好，你的丈夫地位就愈高，就一定愈想娶一個有學識的太太，這樣看來，盛家的事好了與你無關；如果盛家的事壞了，就一定要接連到你的身上，因為你是盛家的人，反對政府的人們是絕對不能夠原諒你的。因此，我勸你應該早作一個打算。」

我聽了這些話回家之後在夜間是睡不著覺，也不願照顧小孩，每天只打算吃喝玩樂。正在煩悶的期間，盛旅長由莫斯科回廸化了，他並未帶回來一個蘇俄的太太，對待我的感情仍同過去一樣並無變化，因此我的精神又恢復常態，每天好好的照顧小孩。過了一個時期，盛旅長聽姑小姐世同說些閒話，盛旅長就說我好出外遊玩，不在家中照顧小孩，時常與我生氣，把我的情緒又弄壞了，我以為他認為我無學識，想要不要我，打算另娶一個大學畢業的太太。

盛旅長回國之後，我見接托夫時，他看見我的情緒很好，並未再向我說什麼壞話，我說盛旅長並未把蘇俄的姑娘帶回來，他說蘇俄不准他帶回來，並不是他不帶。有一次他看見我情緒不好，他又乘機向我說壞話，他說：「現在的情形很不好，你應當有一個打算，否則你要同盛家一同白犧牲了。」我說你又聽說有什麼不好的事情嗎？他說不能對你說，恐怕你向盛旅長說。我說，我現在與盛旅長的感情不好，絕對不對他說，請你說吧！現在反對盛督辦的革命組織，打算在四月革命時刺殺盛督辦，奪取政權，省內外的各軍政要人都已參加了，力量非常的大。同時在暴動的時候，哈密紅軍第八團和飛機製造廠的紅軍，以及臨時由阿拉木圖飛來的飛機均參加暴動，估計革命情形，革命是一定會成功的。到那時恐盛督辦的家族一個也活不了。」當時我說照你這樣說，我真害怕，那麼我是一個聯共CY，你和巴庫林總領事不能救我嗎？他說：「救你也不能說沒有法子，不過很困難的，因為你是盛督辦弟弟的太太，關係太深了，你就是說你不贊成盛督辦也沒有人信。」當時我說，那怎麼辦呢！他說：「你若是能夠服從聯共黨的命令，為革命立功，或者到時候總領事館會替你說話和幫忙。」我說立點什麼功呢？他說：「恐怕你無決心、無膽子。」我說為了我的生命安全起見，我當然要有決心有膽子，請你向我說吧！他把肩膀一端說：「我說了恐怕你們女人家靠不住，如果向你的丈夫報告，那可不得了。」我說我現在只顧我的生命有保障，我決不向盛旅長報告，請你說吧！他說：「假若是黨有命令，教你刺殺盛督辦和盛旅長，你能辦到嗎？我說這個事情我可不能辦，一我不敢做，二我不忍心。他說既是這樣，你不僅沒有自救之道，也不算是聯共黨員，因為黨有命令教你刺殺你的父母兄弟，你也應當遵命，那才算是真正信仰主義的黨員。他說你回去好好想想我們再談，今天我們談的話，你可不要報告盛旅長，你若是晚上報告，明天白天你的命就沒有了。我說我決不說，請你放心！請你再想一想有什麼救我的好辦法。

我回去之後，我的孩子克莫有病臥在床上哭，使我的情緒更加不好。有一天吃完早飯，盛旅長去旅部辦公後，拉托夫派蕭作鑫找我去他公館去。我到他公館之後，我說；「你還沒有到督署顧問辦公廳去辦公嗎？」他說：「為了你的生命安全起見，我想不出救你的好辦法，現在聯共黨為了救你的生命，給你一個命令，命你先把盛旅長刺殺死，以便立功保命！」我說：「我不能接受這個命令，我沒有這個膽子刺殺他，要是我把盛旅長刺殺死，他的哥哥盛督辦也不會饒我的，一定要把處死的，這不是等於為了保全生命，反而送命嗎？」

當時拉托夫表示不高興的樣子，他說：「你不肯這樣做，我們是無法救你的生命，同時不服從黨的命令，今後黨也就不管你的事情了。」他看我有點害怕沒主意了，他又向我說：「黨為了你的事情是經過再三的考慮，並不是犧牲你，是想要挽救你，你與盛家有這樣密切的關係，你要不為革命立功是決難保命的。同時黨認為作這件事，只要你肯按照黨的指示辦法辦理的話，是沒有危險的，第一，因為你刺殺盛旅長後，盛督辦及你們的家族決不能懷疑你是刺殺自己丈夫的兇手；第二，就是萬一盛督辦懷疑你有刺殺盛旅長的嫌疑，也不能當時把你處死，當然要把你送交審判委員會審訊，在審訊你的期間，廸化暴動起來了，那時候首先要把所有被管押的政治犯完全救出來；第三，命你行刺的時間是要配合四一二革命暴動的時間，就是不幸你被逮捕審訊，也是在開始審訊你的時候，就接近暴動的時期了。同時，你的公婆和姑小姐以及家族人等，認為你的丈夫已死，有可能保留你的生命，好使你給他們照料你的小孩，決不能立刻把你處死。這樣看來是決無危險的，還請你先接受黨的命令，至刺殺辦法我再詳細教給你。你能接受黨的命令，黨就負責保全你的生命安全，不然，黨就不管你的事了。」

我在拉托夫的誘惑和威脅下，我先接受了刺殺盛旅長的命令，我接受這個命令之後，拉托夫說：「我將你接受黨的命令之事報告黨方。」我回家之後就有些悔悟，不願做這件事，心中難過的很。盛旅長回來吃飯時向我說：「我看你像沒有魂似的，你心中想些什麼事情？」我說：「沒有什麼事情，因為克莫的病不好，我的精神也隨之不好。」到晚間他又問我白天上那裡去了。我說上拉顧問公館去一次，他說要在家照顧小孩子的病，少到拉顧問那邊去。我到了夜間想起這件可怕的任務，還是睡不著覺。每天精神是異常的壞，並且好打罵小孩，有一個星期未出門。蕭作鑫又來見我說：「拉顧問有要緊事找你。」我說：「我今天身體有病，明天吃完早飯後去看他。」第二天我看見了拉托夫，他說：「現在是時局更加緊張，再有一個月就到四一二革命紀念節了，關於你的任務，就要開始作準備工作。」我說這個任務是否可以請男子來作？我是一個女子不適宜做這個工作，萬一膽小不成功，犧牲我不要緊，恐怕把黨的大事耽誤了，拉托夫當時表現出不高興的樣子，他說：「你接受擔任這個任務的事情，我已經報告了黨方，如果你不執行黨的命令的話，黨就要開除你的黨籍，並且要把開除你的黨籍的事，通知你的丈夫盛旅長。你加入聯共CY的事，你的丈夫和盛督辦均不知道，這樣一來你的前途要立刻黑暗了，因為加入聯共組織，事前未得你的丈夫允許，同時，你的丈夫並不是聯共黨。」我說：「這個問題並不這樣的嚴重，我不是不服從黨的命令，乃是請你將我不適宜擔任刺殺盛旅長的任務的意見報告於黨，如果黨一定要我做的時候，我仍然去做，不過達不到圓滿的任務我不負責。」接托夫說：「你的意見用不著再報過幾天蕭作鑫來問我，你的準備工作做的順利不順利？我說什麼準備工作？他說你不要瞞我，你的事我全知道，我同你的二哥均是參加了革命的組織。我說誰派你來問這件事？他小聲的說是巴庫林教我來的。我說我應該準備的工作均已順利的完成了。他說很好，希望你成功。同時，他又說：「你的工作需要在四月革命紀念節前兩個星期完成！」

我完成了準備工作後，就去拉托夫處向他報告，拉托夫表示很滿意，他說要在三月底，四月初，就要相機實行，打槍時要對準盛旅長的頭部打，待你們的家人發覺了，就說小孩玩耍槍走了火，把自己打了。倘不幸被捕了，應該堅決的不承認，到不得已非說不可時，要用其他的理由說，千萬不要供出來革命組織的事，及說我指使的。能夠拖延到四一二紀念節，暴動一起來就把你救出來了。他又說：「你再考慮一個問題，就是盛督辦到南花園來，如有機會你可以把他先打死。」我說：「我不敢打他。」

我回家之後，就準備在月底伺機行刺，盛旅長對我毫不懷疑，因為我對待他特別好，一切的事均聽他的話，不過有一天，我偷聽姑小姐向老太太說：「很奇怪！陳秀英這半月不像從前了，言行同過去像兩個人了，對待我四哥特別的好。」老太太說：「年青人一定性就好了，我也看四媳婦不像從前那樣癖氣壞了。」

在三月二十九那天蕭作鑫又來了，他小聲的說：「關於你的工作，巴庫林總領事和接托夫顧問命我告知你，必須在三天內實行。」因此我在三月二十九日晚八時左右就做出這樣大逆不道的謀殺親夫的事情了。

我係一個無知的婦女，被蘇俄拉托夫顧問愚弄、誘惑和壓迫、威脅，做出這樣罪該萬死的事來，真是追悔無及。倘能蒙政府及督辦姑念我是受人欺騙、壓迫而做出殺害親夫之事，能夠免處死刑，我當能夠好好照料子女，孝順公婆。一俟子女長大成人，我當偕他們決心刺殺拉托夫和巴庫林，以報仇恨，使我的丈夫瞑目。

倘政府和督辦不能夠原諒，將我處死的時候，乃是罪該應得，我亦毫無怨恨。不過請督辦將我親筆供狀，要給我的子女抄錄一份，使他們知道我被蘇俄聯共黨人拉托夫和巴庫林愚弄、欺騙、威脅和壓迫我謀害親夫的經過情形，使他們成人後設法刺殺死我們夫婦的仇人拉托夫和巴庫林，好使我們瞑目在九泉之下。同時，我的原始錯誤，是在莫斯科私自加入聯共黨CY，信仰共產主義，使他們憑藉我私自加入聯共組織的事實，從事威脅和壓迫我不能不接受他們的無人性的命令。因此我希望我的子女要反對共產主義，消滅共產黨。罪犯陳秀英親筆供。一九四二年四月十四日。

Do人物06　PC0364

彭昭賢、盛世才回憶錄合編

作　　者／彭昭賢、盛世才
編　　者／蔡登山
責任編輯／林泰宏
圖文排版／詹凱倫
封面設計／秦禎翊

出版策劃／獨立作家
發 行 人／宋政坤
法律顧問／毛國樑　律師
製作發行／秀威資訊科技股份有限公司
地址：114 台北市內湖區瑞光路76巷65號1樓
電話：+886-2-2796-3638　傳真：+886-2-2796-1377
服務信箱：service@showwe.com.tw
展售門市／國家書店【松江門市】
地址：104 台北市中山區松江路209號1樓
電話：+886-2-2518-0207　傳真：+886-2-2518-0778
網路訂購／秀威網路書店：https://store.showwe.tw
國家網路書店：https://www.govbooks.com.tw

出版日期／2014年1月　BOD一版　**定價**／390元

|獨立|作家|
Independent Author

寫自己的故事，唱自己的歌

彭昭賢、盛世才回憶錄合編 / 彭昭賢、盛世才原著 ; 蔡登山編.-- 一版. -- 臺北市 : 獨立作家, 2014.01
面 ; 公分. -- (Do人物. 6 ; PC0364)
BOD版
ISBN 978-986-90062-7-9 (平裝)

1. 彭昭賢 2. 盛世才 3. 回憶錄

782.886 102025286

國家圖書館出版品預行編目

讀者回函卡

感謝您購買本書，為提升服務品質，請填妥以下資料，將讀者回函卡直接寄回或傳真本公司，收到您的寶貴意見後，我們會收藏記錄及檢討，謝謝！
如您需要了解本公司最新出版書目、購書優惠或企劃活動，歡迎您上網查詢或下載相關資料：http:// www.showwe.com.tw

您購買的書名：________________________

出生日期：________年________月________日

學歷：□高中(含)以下　□大專　□研究所(含)以上

職業：□製造業　□金融業　□資訊業　□軍警　□傳播業　□自由業
□服務業　□公務員　□教職　□學生　□家管　□其它_____

購書地點：□網路書店　□實體書店　□書展　□郵購　□贈閱　□其他

您從何得知本書的消息？
□網路書店　□實體書店　□網路搜尋　□電子報　□書訊　□雜誌
□傳播媒體　□親友推薦　□網站推薦　□部落格　□其他__________

您對本書的評價：（請填代號　1.非常滿意　2.滿意　3.尚可　4.再改進）
封面設計____　版面編排____　內容____　文／譯筆____　價格____

讀完書後您覺得：
□很有收穫　□有收穫　□收穫不多　□沒收穫

對我們的建議：________________________

請貼
郵票

11466
台北市內湖區瑞光路 76 巷 65 號 1 樓
獨立作家讀者服務部 收

（請沿線對折寄回，謝謝！）

姓　　名：＿＿＿＿＿＿＿＿　年齡：＿＿＿＿　性別：□女　□男

郵遞區號：□□□□□

地　　址：＿＿＿＿＿＿＿＿＿＿＿＿＿＿＿＿

聯絡電話：(日)＿＿＿＿＿＿＿＿(夜)＿＿＿＿＿＿＿＿

E-mail：＿＿＿＿＿＿＿＿＿＿＿＿＿＿＿＿